DONES
DEL
ESPÍRITU

DONES
DEL
ESPÍRITU

YIYE ÁVILA

DONES DEL ESPÍRITU

Publicado por
Unilit
Medley, FL 33166

Primera edición 1993
Primera edición 2016 (Serie Favoritos)

Derechos de Autor © 1989 Yiye Ávila
Todos los derechos reservados.

Diseño de la cubierta: *Ximena Urra*
Fotografías: © 2016 Flik47, Pan Xunbin. Usadas con permiso de
Shutterstock.com.

El texto bíblico ha sido tomado de la versión Reina-Valera © 1960
Sociedades Bíblicas en América Latina; © renovado 1988 Sociedades
Bíblicas Unidas. Utilizado con permiso.
Reina-Valera 1960® es una marca registrada de la American Bible Society,
y se puede usar solamente bajo licencia.

Producto 497020
ISBN 0-7899-2266-5
ISBN 978-0-7899-2266-3

Impreso en Colombia
Printed in Colombia

Categoría: Vida cristiana/Crecimiento espiritual/General
Category: Christian Living/Spiritual Growth/General

CONTENIDO

CAPÍTULO
UNO

LA UNIDAD Y LOS DONES

1

LA UNIDAD Y LOS DONES

La primera carta a los Corintios, capítulo 12, verso 4, dice de la siguiente manera: «*Ahora bien, hay diversidad de dones, pero el Espíritu es el mismo*». **El** Espíritu es uno solo y manifiesta diferentes dones. Tenemos que dejar al Espíritu Santo que haga y se manifieste como **Él** quiere. En el verso 5 dice: «*Hay diversidad de ministerios, pero el Señor es el mismo*». Un solo Espíritu, un solo Señor. Los ministerios tienen que estar en manos del Señor. Los dones son manifestaciones del Espíritu, no de la carne, solamente del Espíritu Santo de Dios. Hay diversidad de operaciones, pero el mismo Dios es el que las obra todas en los creyentes. Hay diversidad de operaciones, o sea, distintas formas de hacer las cosas. Hay muchos que desean que las cosas sucedan como les gusta, o que se hagan con el método con el que ellos simpatizan. Dios se manifiesta en diversas formas. ¿Cómo? Como Él quiere. Lo importante es que venga todo por **El** Señor. No debemos criticar las formas un poquito raras en que ocurren manifestaciones del Espíritu. Muchas veces se critica la forma de operar de siervos de Dios; sin embargo, es Dios mismo quien lo está usando. Hay diversidad de operaciones, pero el Espíritu es el mismo.

En una ocasión el Señor sanó un ciego usando una forma muy rara. Escupió en tierra, hizo lodo con la saliva y lo untó en los ojos del ciego. Hizo una mezcla sucia, desagradable a la vista y se la puso en los ojos al ciego y le dijo: *«Vete, lávate en el estanque de Siloé»*. Quizás muchos de los que hoy en día critican todo, allí hubiesen formulado su crítica de Jesucristo. Pero este hombre ciego, luego que se lavó, vio claramente. Eso era lo importante, que veía. Hubo una manifestación rarísima, pero esa manifestación vino por el

Espíritu Santo y el don de milagros se manifestó. Dios obra como Él quiere. No ciña a Dios en un patrón, ni lo meta en un molde, ni en un tubo de ensayo.

Permítale trabajar como Él quiera, pues Él sabe lo que hace y cómo lo tiene que hacer. Lo importante es asegurarnos que es el Espíritu Santo, eso sí, porque es un solo Espíritu el que tiene que trabajar y obrar. A cada uno, sin embargo, se le otorga la manifestación del Espíritu para el bien común. Este es el punto que muchos no entienden; que a todo el mundo se les da la manifestación del Espíritu. En la iglesia todos deben tener la manifestación del Espíritu Santo en una u otra forma, pues la Biblia dice que todo el mundo lo tendría. Si usted es cristiano, tiene que estar en el cuerpo de Cristo que es la iglesia. En el pueblo de Dios todos tienen que dar fruto, y el que no da fruto dice la Biblia, *«será cortado y echado al fuego»*, San Juan 15:6.

A cada cual se le da la manifestación del Espíritu como Dios quiere y conforme a su fe, pues cada cual tiene derecho a demandar, a pedir y a conquistar bendición de parte de Dios. Todo eso para el bien común de la iglesia, pues en todo, incluyendo los dones del Espíritu, el Señor quiere unidad. Ese es el punto débil de la iglesia de hoy, que estamos desmembrados; cada cual da su opinión y quiere que se haga como ellos dicen. Pero, esa no es la voluntad de Dios. Esa es la voluntad del diablo y de muchos hombres. La perfecta voluntad de Dios es que se manifieste el Espíritu Santo en todos los creyentes para bien común. Que todos sean bendecidos.

¡Alabado sea Dios!

Puede haber organizaciones y concilios, pero todos tienen un llamado de parte de Dios para estar unidos espiritualmente. Interesados todos en el negocio de la organización, ya que somos un solo cuerpo. Mientras más nos interesemos en lograr esa unidad, más rápido derramará Dios Su Espíritu sobre toda carne y hará Dios las maravillas que Él ha prometido para los últimos días. Lo que impide una manifestación mayor de la gloria de Dios es la falta de unidad que hay en Su pueblo. Nuestras campañas son un ejemplo de esto. Vemos como miles de almas vienen al Señor durante las mismas, pero cuantas más no vendrían si todas las iglesias que respaldan las campañas estuvieran todas las noches presentes con toda la congregación y les hablaran a los inconversos durante el día. Porque lo que es de Dios debe respaldarse completamente. Lo que yo sé que es de Dios, lo respaldo totalmente, pues Dios no me quiere a medias.

¿Cómo una iglesia dividida va a pelear contra un diablo que no se divide? Cristo dijo: «*Satanás no echa fuera a Satanás*». Es decir, que él no se divide. Y nosotros tenemos que estar más unidos que nadie, pues peleamos en un reino enemigo cuyo dueño es el príncipe de las tinieblas. Pero si estamos divididos, eso limita la bendición gigante que Dios nos quiere dar en este último tiempo. Imagínese, si con división vemos a Dios salvando las almas en forma abundante y haciendo milagros de todo tipo, cómo sería si el pueblo estuviera completamente unido. La unidad de la iglesia acrecentaría la operación gloriosa de los dones del Espíritu Santo. Unámonos para que veamos la gloria de Dios. A cada uno Dios le da la manifestación del Espíritu para bien común, es decir, para beneficio de todos, para bendición de todo el cuerpo. Dios no da la manifestación a una denominación, ni a una congregación en particular. El sentir de Dios es que todos reciban bendición y haya unidad perfecta en el cuerpo, que es la iglesia. El sentir de la carne puede ser otro, pero el de Dios es ese.

La Palabra de Dios nos habla de los dones en 1 Corintios 12:8-11:

*«Porque a éste es dada por el Espíritu palabra
de sabiduría; a otro, palabra de ciencia según el
mismo Espíritu; a otro, fe por el mismo Espíritu;
y a otro, dones de sanidades
por el mismo Espíritu. A otro, el hacer milagros;
a otro, profecía; a otro discernimiento de
espíritus; a otro, diversos géneros de lenguas;
y a otro, interpretación de lenguas. Pero todas
estas cosas las hace uno y el mismo Espíritu;
repartiendo a cada uno en particular
como él quiere».*

Constantemente verán, que menciona «por el
mismo Espíritu». ¿Por qué lo repite tantas veces?
Para que entendamos que Él es sólo uno, Él. Que
no hay tres Espíritus distintos, ni cuatro, sino un
solo Espíritu Santo. ¡Gloria a Dios! Él reparte según Él quiere. La Biblia dice: *«Conforme a tu fe,
será hecho».* Él le da, pero usted anhele los mejores
dones. Dígale: «Señor, gracias por lo que me has
dado, pero yo quiero también esto otro». Pídale, pelee por eso y verá cómo Dios le responde.
Él dice: *«Pon tu delicia en la ley de Jehová y Él te
concederá las peticiones de tu corazón».* Salmo 37:4

Es una promesa. Cuando Él reparte, da como
Él quiere, pero usted reclame las promesas que Él
ha dado y pídale aun más. No se conforme, pídale

y demande más y más. Dios tiene en abundancia para dar a aquellos que tienen hambre de Él y de Sus bendiciones; no para ostentación ni vanagloria, sino para compartirle más a un pueblo necesitado. Ore para llevar más fruto, porque mientras más fruto, más gloria hay para Dios que es quien hace la obra. La gloria sea para el Señor.

> *«Porque así como el cuerpo es uno, pero tiene muchos miembros, y todos los miembros del cuerpo, a pesar de ser muchos forman un solo cuerpo, así también Cristo».*
> **1 Corintios 12: 12**

Esa es la visión que nosotros tenemos que incrustar en el pueblo de Dios. Que es un solo cuerpo, aunque hay muchos miembros. Hay una organización aquí, un concilio allá, pero son parte de uno solo; el cuerpo del Señor. Uno es el Espíritu, una es la fe, uno es el bautismo. Es una unidad, y si logramos obtener la visión de la misma y reunir a los líderes cristianos, especialmente los líderes pentecostales, y unir al pueblo, le daremos la derrota más terrible al diablo. Dios tiene que usar hombres que unan todos los concilios y a todos los líderes para que continuamente se convengan en ayuno clamando por un avivamiento de la obra de Dios. Esto es decisivo en este tiempo postrero. Oremos por ello. Si lo logramos, veremos los dones del Espíritu manifestarse en forma gloriosa.

¡Aleluya!

El Señor me ha mostrado que Él está cansado de llamar al pueblo a la unidad. Viene juicio de parte de Dios si el pueblo no se une, pues el objetivo es alcanzar las almas para Dios. Dios llamará hombres claves en distintos lugares para llamar al pueblo a unirse, porque en la unidad está la victoria. Cuando el cuerpo está mutilado, la cabeza se siente y se queja. El Señor se siente triste al ver a Su pueblo desunido. El Señor, que es la cabeza, siente si el cuerpo funciona mal. La cabeza es la que envía los impulsos. ¿Cómo se sentiría mi cabeza ahora, si yo envío un impulso a un brazo y ese brazo no responde y se queda paralítico?

Imagínese la tristeza que invadiría todo mi ser. Así se siente el Señor cuando envía un impulso a los líderes y no responden; y dicen: *«Yo no quiero saber nada de esa campaña, yo no voy a darle mi respaldo, yo tengo culto esta noche»*. Hay tiempo para dar culto todo el año. El orden de Dios, cuando hay campañas, es respaldar esa campaña buscando el fuego y la unidad. Ese es el llamado de Cristo. A nadie podemos obligar, pero yo le digo lo que Dios me ha mostrado, lo que Él me ha revelado. No se trata de una campañita, sino de campañas gigantes, todos unidos, porque hay miles de pecadores que Él quiere salvar, además de derramar el fuego de su Espíritu sobre Su pueblo. ¡Aleluya!

Dios quiere que estemos unidos, y que tengamos los ojos puestos sólo en los que se pierden y en un poderoso avivamiento para el pueblo de Dios, donde operen todos los dones del Espíritu. Esa es Su voluntad para el último tiempo (Hechos 2: 17). No hablemos los unos de los otros. Cuando David tuvo a Saúl al alcance de la lanza, perdido como estaba, David dijo: *«Líbreme Jehová de tocar su ungido»*. Y era un siervo del mismo diablo para ese momento, pero había sido un ungido de Jehová y David no se atrevió a tocarlo. Dios me libre a mí de hablar de los siervos de Dios. Yo predico lo que Dios me da, pero lo predico con un propósito; edificar, traer bendición, que el pueblo reaccione, se despierte al llamado de Dios a la unidad, para que se manifieste toda la gloria de Dios. Pero cuidémonos de lo que hablamos, porque por nuestras palabras seremos declarados justos o seremos condenados (Mateo 12:35). Las murmuraciones contristan el Espíritu e impiden la manifestación de los dones del Espíritu. Pues todos nosotros fuimos bautizados en el mismo Espíritu para ser un solo cuerpo. Observe hermano, esto tan importante, Pablo habla con esa seguridad de que todos los creyentes tienen el bautismo del Espíritu Santo. Eso era algo natural en la primera iglesia. Todos tenían el mismo espíritu, porque todos estaban injertados en ese cuerpo.

De modo, que es de gran importancia clamar a Dios para que todos sean llenos del Espíritu Santo, los mundanos se conviertan, los tibios se calienten y así los dones del Espíritu se manifiesten en forma gloriosa, como muestra la Biblia que será en los últimos días (Hechos 2: 17). Por eso es necesario que los pastores estén muy conscientes de quiénes en la iglesia no tienen el Espíritu Santo, para que levanten campaña de clamor y ayuno por eso. Porque en la primera iglesia, todos, dice el apóstol, (y habían miles de creyentes), *«fuimos bautizados con un mismo Espíritu para ser miembros de un mismo cuerpo»*.

La Biblia habla claro, no importa quien sea, sea gentil o judío, tiene que estar lleno del Espíritu. En otras palabras, sea Pentecostal, Bautista, Metodista, si es del cuerpo de Cristo, todos tienen que tener ese Espíritu Santo. A todos se nos dio a beber un mismo Espíritu y Pablo establece lo elemental y lo importante del bautismo del Espíritu Santo; que cuando lo recibimos, bebemos del Espíritu. Lo que usted bebe, ¿para donde va?, para adentro. Hay que llenarse del Espíritu Santo. Hay quien está lavado por fuera, pero por dentro no tiene ese poder. Quiere decir esto que todo el mundo tiene que beber del Espíritu; y cuando lo bebemos, sabemos que lo tenemos, porque como río de agua viva corre dentro de nosotros. Eso es elemental, no busquemos complicaciones, ni nos enredemos en porfías doctrinales, pues eso no es de Dios.

Muchos se enredan en discusiones no edificantes en relación a las lenguas y esto trae división. No hermanos, reprendan al diablo, que es el autor de todo eso para crear divisiones en la iglesia. Dios no quiere eso. Dios quiere que todos seamos llenos del Espíritu y que los dones se manifiesten en Su iglesia. (Hechos 2: 17).

Lo que realmente nos edifica es saber que usted tiene el Espíritu, pues usted bebió Su Espíritu y usted lo sabe porque siente los ríos de agua viva que corren por su interior. Después de eso el Espíritu se manifiesta en variadas formas. Porque hay muchas manifestaciones y muchas operaciones, pero ¿de quién? del Espíritu que usted bebió, si tiene el Espíritu Santo. Ese Espíritu lo injertó a usted en el cuerpo de Jesucristo. Con ese sentir de unidad, que todo es para el bien común, que todo es por un solo Espíritu y que este tiene que estar dentro de usted, entremos a estudiar los DONES DEL ESPÍRITU SANTO. ¡Aleluya!

CAPÍTULO
DOS

CLASIFICACIÓN DE
LOS DONES

2

CLASIFICACIÓN
DE LOS DONES

Los nueve dones del Espíritu se clasifican en tres grandes grupos. Hay dones de hablar, dones de conocimiento y dones de poder.

1. **Dones de hablar:**
   a. *Lenguas.*
   b. *Interpretación de lenguas.*
   c. *Profecía.*

Cuando se manifiestan estos dones, lo que se hace es hablar, pero hablar por el Espíritu Santo, porque dijimos que todo viene por un mismo

Espíritu. Si va a hablar en la carne, no hable nada y mantenga su boca cerrada. Ahora, si va a hablar por el Espíritu, pídale dirección al Señor y en el momento de Dios, hable con confianza, porque el Espíritu habla para el bien común. Gloria a Dios.

2. Dones de conocimiento:

Dones del saber, donde Dios le muestra algo; le da un conocimiento.

a. *Don de Palabra de ciencia.* A través de este don Dios revela cosas a los hombres.

b. *Palabra de sabiduría.* Dios le revela cómo hacer las cosas en forma sabia, por el Espíritu.

c. *Discernimiento.* Dios le muestra qué clase de Espíritu se está moviendo. No todo lo que se mueve es del Señor.

Si algo necesitamos los evangelistas y los pastores, es discernimiento, que si alguien danza o habla, sepamos si es en el Espíritu de Dios, en la carne, o en el espíritu del diablo.

3. Dones de poder:

a. *Sanidad divina.*

b. *Milagros.*

c. *Don de Fe*

Ahora entraremos en detalles en cada uno de esos dones que son tan importantes. Como dice la Palabra de Dios, los dones están en la iglesia.

¿Cuál es la iglesia? El cuerpo del Señor. Están ahí y nos dan a nosotros una idea de la importancia de la unidad. Ahora veremos por qué digo esto, porque por la falta de unidad están cojas tantas iglesias y tantas denominaciones. Los dones están en la iglesia, pero la iglesia es el cuerpo y si hay separación, pueden estar ciertos dones en una iglesia y no estar en otra, y al no haber unidad, la bendición de aquella que también es para ésta no se puede manifestar. Dios es el que da como Él quiere y reparte como Él quiere. Son nueve dones y los nueve están en el cuerpo, y todos son necesarios.

CAPÍTULO
TRES

LAS LENGUAS E
INTERPRETACIONES

3

LAS LENGUAS E
INTERPRETACIONES

Estos son dones de hablar. Hay muchos que cuando oyen mencionar las lenguas, se desorientan y hasta se sorprenden. Este es uno de los dones del Espíritu Santo y también es una de las señales que seguirían a los creyentes. Hay dos aspectos en el asunto: Las lenguas se manifiestan como señal y también como don del Espíritu Santo. Ahora, cuando es don del Espíritu, está claro que la Biblia dice: género de lenguas. Quiere decir, que hay un lenguaje muy completo y muy variado cuando es el don. Cuando es una señal, puede que no haya una variedad tan grande, sino una manifestación un poco más leve para confirmar que usted es un creyente y darle un testimonio a los inconversos. Vamos a considerar más bien el don del Espíritu Santo. Yo he oído a personas decir: *«ese es un don pequeñito»*. Mire eso es una mentira del diablo. ¿Cómo puedo yo decir que algo que Dios da es pequeñito? Eso es lo menos que puede ser, pequeñito. Vamos a probarlo con la Biblia. En 1 Corintios 14:2 dice:

Porque el que habla en lenguas, no habla a los hombres, sino a Dios; porque nadie le entiende, porque habla por el Espíritu misterios.

Este es el primer punto, el que habla en lenguas, habla misterios con Dios. ¿Será pequeño entonces? Mire hermano, yo quisiera estar hablando con Dios en todo momento.

¿Cómo puedo decir que este es un don pequeño, si cuando hablo en lenguas yo hablo con Dios por medio del Espíritu, con un lenguaje que a lo mejor yo no lo entiendo, pero Dios lo entiende? Y añade la Biblia: *y el que habla en lenguas se edifica a sí mismo, el que profetiza, edifica la iglesia.*

Así que dése cuenta, ¡cómo podrá ser pequeño, algo, que cuando se manifiesta en su vida, usted está hablando con Dios y edificándose a sí mismo! ¿Cómo entendemos eso? Cuando habla en lenguas, usted lo que está es orando a Dios en lenguas. Está hablando como si fuera en español, —pero en otro lenguaje—, diciéndole a Dios sobre sus necesidades, y sus problemas. Pero como es por el Espíritu, es algo verdaderamente importante y decisivo, porque en la carne, a veces pedimos cosas que no convienen. Pero cuando está hablando en lenguas, está hablando lo que el Espíritu le da, y Él sí sabe lo que conviene. Usted está hablando con autoridad, con profundidad, con precisión matemática lo que usted necesita. Por lo tanto, se edifica a usted mismo, porque Dios le va a dar lo que necesita. Por eso procure hablar en lenguas y ocúpese en los períodos de oración, de clamar a Dios, de alabar y gemir para que haya esa manifestación. Si usted no habla en lenguas, pues pídale a Dios que le conceda ese don, porque si al hablar en lenguas, hablamos con Dios y nos edificamos a nosotros mismos, no digamos que eso es pequeño, sino pidamos eso antes que todo. ¡Aleluya! Si usted se edifica a sí mismo hablando en lenguas, al orar en lenguas por horas, va a conseguir quizás el don de milagros y el don de fe; y otros dones de poder y de profundidad que necesitamos y que deseamos.

Pero el que dice que las lenguas es el don más

pequeño, no sabe que éste es el que va a hacer posible que consiga el don que supone es el más grande. Las lenguas son las que le van a comunicar con Dios en una oración por el Espíritu. Hay muchos que orando con su entendimiento piden cada cosa, que si Dios se las diera se hundirían espiritualmente. Gracias a Dios, que Él es tan bueno que no se las da. Cuando usted ore con su entendimiento, no falle nunca en terminar su oración diciendo: *«Pero haz Tu voluntad, como en el cielo, así también en la tierra».* Eso está en el patrón de oración del Padre Nuestro, que nos dejó el Señor.

Aún Cristo en el Getsemaní, dijo: *«Padre, aparta de mí esta copa».* ¿Qué clase de petición era esa? ¿A qué vino Cristo? A dejarse matar por nosotros. Y en el Getsemaní viene la humanidad del Señor y dice: *«Padre, no permitas que me muera mañana».* Pero el hombre espiritual, el hombre lleno de Dios dijo: *«Pero no como yo quiera, Padre, es como Tú quieras».* Ahí mismo, Él anuló la primera oración. Si Cristo pidió eso que no convenía, imagínese cuantas cosas pediremos nosotros que no convienen. Por lo tanto, cuando oremos con entendimiento, siempre pidamos al Señor: *«Tu voluntad, si no es Tu voluntad no lo permitas; fuérzame, oblígame a Tu perfecta voluntad».*

Ahora, cuando oramos en lenguas no hay que hacer eso, porque estamos orando por el Espíritu Santo y Él sí que no se equivoca. Ahí no hay falla de ninguna clase, lo que pide es lo que usted necesita. Lo que habla con Dios es lo que le va a edificar, a dar crecimiento, lo que va a hacer posible que queme en usted lo que no sirve. Por eso es tan importante que todo hermano ore, gima y ayune para que Dios le dé el don de género de lenguas, para que usted pueda hablar con Dios con la mayor abundancia posible. El que hable en lenguas, ore continuamente: *«auméntelas, aumenta la variedad de lenguas, aumenta el género de lenguas, añade más lenguas».* No se preocupe si se las da en chino, o en algún idioma o dialecto de cualquier tribu, Dios entiende cualquier lenguaje, lo importante es que venga por el Espíritu.

Hay gente que hoy en día no cree en la manifestación de las lenguas y tratan de desvirtuar y avergonzar el don. En una de mis campañas en Caracas, Venezuela, predicaba una noche, y en una parte del mensaje sentí el poder de Dios y hablé en lenguas y seguí predicando. Pero cuando hablé en lenguas, un indio que estaba arriba en las graderías, le dijo al que estaba a su lado: *«Mira, yo no sabía que el hermano Yiye hablaba el lenguaje de mi tribu».*

¿Cómo fue eso? Bueno, el Espíritu es el que da. Lo menos que yo podía imaginar era que estaba hablando el lenguaje de esa tribu. Dios fue tan sabio, que me dio el lenguaje de indios de allí de Venezuela, y que hubiese un indio allí para que él diera testimonio.

Quiere decir, que esas lenguas que usted habla, son lenguas que en algún lugar de la tierra, alguien las entiende. También Dios le puede dar a usted lenguas de ángeles y no las entiende nadie aquí abajo, pero las entienden los ángeles. Y si las entienden los ángeles, las entiende el Ángel de Jehová. Lo importante es que usted clame y pida el don de lenguas, porque es para edificarse usted mismo y hablar con Dios. ¡Alabado sea Dios!

La Biblia dice: «Pedid y se os dará» (Lucas 11:9). En mi caso, Dios me llenó del Espíritu Santo una noche y la experiencia fue tan grande que sentía que echaba fuego hasta por los poros. Al parecer corrientes de doscientos veinte voltios corrían por todo mi cuerpo. Esa fue la noche que Dios me tomó la mano derecha, me la levantó y me dijo el mensaje que yo iba a predicar en mi ministerio. Con voz audible me dijo: PROFECÍA, PROFECÍA. Ese es el mensaje que me mandó a llevar. El poder de Dios entró por los brazos y me corría como ríos de agua viva por mi interior, me llenó y me sacudió. Parecía que la cama se iba a caer. Mi esposa que se acababa de convertir hacía dos o tres días del catolicismo, al ver aquello se sorprendió y se atemorizó. Del estómago mío el Espíritu alababa a Dios y gritaba: «*Gloria a Dios, gloria a Dios, Aleluya*». Desperté a todo el vecindario. ¿Y cómo se puede imaginar usted que yo, el profesor de Química y Biología de la escuela superior de Camuy, Puerto Rico, me hubiese atrevido a ponerme a gritar a las dos de la madrugada y a decir a toda voz; «*Aleluya, gloria a Dios*», y despertar a la gente? Yo no me hubiese atrevido, pero el Espíritu Santo se atrevió. Yo no lo hago en la carne por nada, porque no voy a ser imprudente y despertar a los vecinos a esa hora. Pero el Señor hace como El quiere. Despertaron los vecinos, pero nadie se escandalizó.

Fíjese, que cuando Él lo hace no se escandaliza nadie.

¿Por qué no se escandalizaron? Porque los vecinos decían: «No era él, era una voz diferente que salía». Estaban asustados. Mis padres, que no se habían convertido y vivían al frente, se asomaron por la ventana y dijeron: «No vamos para allá por nada. Esa voz no es de él. Otro es el que está diciendo esas palabras en esa casa». Sin embargo, no hablé una lengua esa noche. Estaba tan lleno del Espíritu al otro día que al decir «gloria a Dios», sentía unas corrientes en mi interior que parecía que me iba a quemar por dentro. Era tal el fuego que sentía que mis manos echaban fuego. Ahora, ¿qué hice? dije: *«Señor, yo quiero lenguas. Tú me tienes que dar las lenguas»*. Yo había estado leyendo en la Palabra sobre esto:

> *«El que habla en lengua extraña,*
> *a sí mismo se edifica...»*
> **1 Corintios 14:4**

Sabía que el que habla en lenguas, habla con Dios y se edifica a sí mismo. Y yo sentía el fuego, sentía el Espíritu. Tenía el Espíritu Santo y el fuego que dijo Lucas que Cristo vino a traer, «fuego vine a echar en la tierra; ¿y qué quiero, si ya se ha encendido?» (Lucas 12:49). Pero hay un don de lenguas que yo quería y una señal de lenguas que sigue al creyente, que yo también la quería tener.

> *«Y estas señales seguirán a los que creen...*
> *hablarán nuevas lenguas»*
> **Marcos 16: 17**

Pero no le estaba pidiendo la señal al Señor, le estaba diciendo: *«Dame el don, dame géneros de lenguas para yo hablar contigo por horas. Si tú me das las lenguas te prometo arrodillarme en las noches y hablar en lenguas por horas contigo».*

Hermano, no me dio el don en dos días ni en tres, pero mi falta de entendimiento impidió que yo pudiera aprovecharme más de las bendiciones de las lenguas. Entiendan esto, cuando yo le pedí eso a Dios, aunque no se manifestó enseguida, pues pasaron algunos días, una noche yo estaba en un sueño hablando en lenguas. Tengan cuidado hermanos, que hay sueños que no son de Dios, pero hay sueños que sí son de Dios. No haga como yo he oído, a veces hasta ministros del evangelio, diciendo: *«Yo no creo en sueños».*

Hermano, usted no crea en sueños de la carne, ni en sueños del diablo tampoco, pero en los sueños del Señor, en esos sí crea. En ese sueño de esa noche hablé en lenguas y cuando desperté sabía las lenguas. ¿Cómo me las dio? En un sueño. No es como uno quiera, es como Él quiere. Hay diversidad de manifestaciones y operaciones. Así como en una ocasión el Señor tomó tierra y escupió e hizo lodo y le puso en los ojos a un ciego, sanándolo; le plació darme a mí las lenguas en un sueño; sin embargo, yo no me atrevía hablarlas. ¿Quién me las dio? El Espíritu me las dio en ese sueño. ¿Y por qué no las hablaba? Por falta del entendimiento. Sentía la bendición del Espíritu, el impulso del Espíritu para hablarlas, pero las callaba. Yo quería que el Espíritu las hablara, pero en la Biblia dice que en Pentecostés Pedro hablaba conforme el Espíritu le daba que hablara. El que habló fue Pedro, ¿quién se las daba? El Espíritu. Por eso cuando usted sienta una bendición del Espíritu, esté muy atento, que si usted siente hablar algo raro, háblelo, aunque parezca un idioma desconocido. ¡Alabado sea Dios!

A base de la experiencia que he tenido, cuando estoy ministrando el bautismo del Espíritu Santo y veo que alguien está recibiéndolo y Este lo sacude, haciéndole temblar de arriba a abajo; que lo siento por el discernimiento que Dios me ha dado y le digo: «Lo que sienta hablar, háblelo aunque parezca raro». Porque sé que hay gente que Dios les da las lenguas en ese momento y no las hablan. Están en la confusión que estaba yo en aquella época. Él se las da, pero usted es el que las habla, usted es el vaso. Si le da profecía, ¿quién la va a hablar? Usted mismo la va a hablar. Si no la quiere hablar, pues no la habla. Porque usted es el vaso y el Espíritu se sujeta al vaso.

Quiere decir, que ese es uno de los puntos fundamentales que tenemos que entender. No piense nadie como los evangélicos carnales con el temor de que: «Ay y si me toma un espíritu de error». Dios a sus hijos no les da una piedra, ni una serpiente. Dios es un Dios de amor y misericordia, y ¿cómo no le va a dar el Espíritu Santo si usted se lo pidiere? Eso es lo que enseña la Biblia.

«Pues si vosotros, siendo malos, sabéis dar buenas dádivas a vuestros hijos, ¿ cuánto más vuestro Padre celestial dará el Espíritu Santo a los que se lo pidan».
Lucas 11:13

Ahora, si usted es un hipócrita y un mentiroso, como Ananías y Safira, no lo va tomar un diablo, lo va a tomar una legión de demonios. Pero si usted es alguien que está humillado, llorando delante de Dios diciendo: *«Dame las lenguas, Padre, dámelas»*, ¿qué le dará Dios? Le dará las lenguas del Espíritu y no permitirá que ningún diablo le vaya a tomar.

¡Sea bendito el nombre de Dios! La voluntad de Dios es darnos las lenguas, porque Dios quiere que sus hijos hablen con Él. Aunque usted puede hablarle con su entendimiento, es muy importante que hablemos en el Espíritu, en lenguas, porque nos edificamos. Dios quiere edificarnos. Mientras más frecuente sea la experiencia, más fruto vamos a dar para Dios y eso es motivo de gloria para Cristo. ¡Aleluya!

Si usted tiene las lenguas, mire hermano, úselas. El escuadrón que trabaja conmigo, en ocasiones comenzamos a orar todos juntos —unánimes, y de pronto el Espíritu Santo me dice: «Mi siervo, todos en lenguas». Y yo se lo grito en voz alta: «Hermanos, a orar y a alabar todos unánimes». El que me oye decir estas palabras comenzará a orar, a alabar y a gemir en el Espíritu, pero cuando siente el impulso, comienza a hablar en lenguas. Y sigue hablando así y cuando nos damos cuenta, está todo el grupo hablando en lenguas. Hay veces que estamos orando en lenguas cinco o diez minutos o más, y hermano, los cielos se abren porque es el Espíritu Santo, a través de nosotros, hablando con Dios y orando en el Espíritu. (Judas 1:20 y Efesios 6: 18).

Esta es una actividad maravillosa para que las congregaciones la lleven a cabo, pues cuando lo hemos hecho así, sucede lo que se esperaba que ocurriera, que algunos hermanitos del escuadrón que no hablaban en lenguas, de pronto salen hablando géneros de lenguas en esa actividad de oración. Me mostraba el Espíritu que mientras todo el mundo estaba hablando en lenguas, el Espíritu estaba intercediendo —para que todos la recibieran— porque Dios quiere que hablemos con Él en lenguas y nos edifiquemos. El apóstol Pablo dice:

Deseo que todos hablen en lenguas...
1 Corintios 14:5

Y el que habla en lenguas ruegue interpretar, para que la iglesia pueda también ser edificada.
1 Corintios 14:13

Si usted tiene las lenguas, pues haga lo que dice la Biblia, pida a Dios también la interpretación. Pídalas, esto es:

Pedid y se os dará
Lucas 11:9

Y todo lo que pidiereis al Padre en mi Nombre, yo lo haré...
Juan 14:13

Si usted pide y no recibe, enciérrese a ayunar y a demandar de Dios, porque puede ser que haya en usted algo que esté estorbando que llegue lo que está pidiendo. Reclame que Dios queme con fuego lo que esté interrumpiendo. Pero usted haga su parte, dé la batalla, enciérrese con Dios y pídale que le conceda lo que está reclamando.

Eso sí, pida con propósitos cristianos de humildad, de edificar a los demás y con finalidad de bendición. ¿Por qué algunos no reciben? porque piden con intenciones de vanagloria. *«Ay yo quiero tener el don de lenguas y su interpretación, porque qué grande voy a ser en la iglesia si yo interpreto. Se van a quedar pasmados los hermanos».* Se va a quedar pasmado usted, porque no va a recibir nada. Esos no son los propósitos de Dios al otorgar los dones.

Pida con un solo propósito. Para que el Señor se glorifique y para que la iglesia sea edificada. Dios lo hará, porque lo que Él está buscando son vasos a través de los cuales manifestarse para el bien común. Ese es el punto. Que todo es para bien común. Hermano, no pida para otra cosa, porque no va a recibir nada, pida para el bien común, para edificar a los demás, para ser una bendición para el pueblo; y Dios le va a dar en sobreabundancia.

Miremos los versos 13 y 14 del Capítulo 14 de primera de Corintios:

Por lo cual el que habla en lengua extraña pida a Dios en oración poder interpretarla. Porque si hago oración en lengua desconocida, mi espíritu ora, pero mi entendimiento queda sin fruto.

Fíjese que el asunto es en el Espíritu. Usted no entiende lo que está orando, la mente no sabe, pero usted está orando en el Espíritu. ¿Qué haremos entonces? Oraremos en el espíritu y también con la mente.

Cantaré en el Espíritu y cantaré con la mente.
1 Corintios 14:15

¿Cuántos cantan en el Espíritu? ¿Cuántos cantan en otras lenguas? Aquí lo dice, que cantemos con entendimiento y cantemos también en el Espíritu. Es fácil. Cuando cante un cántico de alabanza, como usted sabe la tonada, ¡cántelo en lenguas! Y según lo canta en lenguas va a sentir que de pronto viene una bendición del Espíritu Santo. Hay algunos que piensan que va a venir el Espíritu a tornar la lengua de usted, no, es usted el que va a cantar. Dios le da las lenguas, cante en lenguas. Hágalo cuando sienta el impulso del Espíritu, la unción del Espíritu, para que lo haga en forma espiritual. ¡Sea glorificado el Señor!

Ahora hermano, cada vez que usted se arrodille a orar, teniendo esta doctrina tan clara, dígale: *«Señor; úngeme para orar en lenguas y con entendimiento».* Cuando nosotros tenemos cultos en Camuy, en nuestras oficinas, en muchas ocasiones no estoy de rodillas, sino que estoy caminando alrededor del grupo e imponiendo las manos a los hermanos. Ahí me mantengo orando con ellos, concertándome con ellos y orando unánimes. Comenzamos orando todos por un tema y así sucesivamente, nos mantenemos unánimes, nos convenimos unos con otros. Continuamente les voy diciendo también: «Ore con entendimiento, ore en lenguas y alabe a Dios». Tres combinaciones poderosas para conquistar bendición. Las lenguas, la alabanza y orar con entendimiento. En cada período de oración, usted debe alabar en abundancia y debe orar con entendimiento (esto es su idioma), pero también debe orar en lenguas si usted las tiene. Si no las tiene, pues, pídalas y reclámelas al Señor. ¡Aleluya!

Desde que Dios me dio las lenguas en aquel sueño, estuve dos años sin hablarlas. Por falta de doctrina, de entendimiento y de sabiduría estuve dos años sin usar algo que Dios me dio. Es algo increíble. Como a los dos años vino Dios a despertarme a la realidad. Cuando vine al entendimiento, al sentir la bendición del Espíritu, comenzaba con temor a tartamudear aquellas lenguas preciosas que el Señor me había dado hacía dos años. Noté de pronto que aquello se multiplicó y en vez de aquellas, salieron otras y otras, hasta que salieron lenguas a plenitud. ¡Aleluya! ¿Qué habría pasado? Bueno, yo había pedido un género de lenguas, pues Dios me lo había otorgado. Él me dio el principio, pero como no lo usé, pues no podía suceder nada. Ahora, cuando comencé a usar lo poquito que Dios me había dado, comenzó a manifestarse todo lo que yo había pedido hacía años. Después de eso, hubo noches que me arrodillé en vigilia a las diez de la noche y concluí a las seis de la mañana, y si había orado tres o cuatro horas en lenguas, yo creo que era poco. Así es como uno se levanta espiritualmente, así es como se levantan los ministerios y se levanta todo; haciendo lo que dice la Biblia, usando los instrumentos que Dios pone en nuestras manos por la Escritura.

Hay personas que tienen las lenguas, oran dos horas y no las usan ni un minuto. Hay pentecostales que tienen las lenguas, pero ya no las manifiestan. Están secos espiritualmente. Están como esos cuchillos que habiendo sido afilados y útiles, han perdido su filo y su utilidad. Usted no puede permitir que eso se aparte. Lo que Dios le da a usted, si no lo usa, hermano, la manifestación se apaga; porque aplica en los dones del Espíritu Santo la ley del uso y del desuso. Mis brazos Dios me los dio para usarlos, si yo los llego a introducir en un molde de yeso y los saco a los tres meses; no podría ni mover los dedos, pues perdería el movimiento por la falta de uso. Tengo que empezar a moverlos poquito a poco otra vez, y si los uso muy fuerte me puedo lastimar. Si Dios le da a usted algo del Espíritu y no lo usa, se embota. Hay multitud de personas que Dios les ha dado lenguas, no las usan y están apagadas. Lo que Dios le da a uno es para usarlo. Tírese de rodillas y empiece a hablarlas y continúe hasta que vayan fluyendo nuevos vocablos y Dios le dé el género de lenguas, que es el don. Esto es, diversidad de lenguajes, para usted hablar con Dios en abundancia. Hermano, esto no es cualquier cosa.

Un siervo de Dios en los Estados Unidos, que escribió su testimonio; relata, que él estaba en Europa y la mamá cayó gravemente enferma en los Estados Unidos. Lo llamaron y le dijeron: «Tu mamá está grave, creemos que tiene muy poco tiempo». Él colgó el teléfono, se tiró de rodillas y dijo:

«Señor, yo estoy aquí y ella está muy lejos, pero aun a la distancia no hay imposible para tí, sánala allá. Haz lo que tengas que hacer conmigo, no permitas que me levante de aquí; dame ahora lo que yo necesito espiritualmente, la fe que sea, pero sana a mi madre».

Cuenta que cayó el poder de Dios sobre él y empezó a hablar en lenguas. Siguió así y como a la media hora, sin entender nada de lo que hablaba, sintió una paz sobrenatural que lo invadió. Se paró y dijo: *«Gracias, que mi madre está sana ya»*. ¡Aleluya!

Al rato, lo llamaron por teléfono, y le dijeron: *«Ha sucedido algo tremendo. Tu madre se levantó, está nueva. No tengas temor»*.

Él dijo: *«Yo lo sabía»*. ¡Aleluya!

La intercesión en lenguas conquistó la victoria. Tan difícil era el caso, que el Espíritu Santo tuvo que interceder. Si el hermano hubiese intercedido solamente con su entendimiento, no se habría sanado la mujer. Por eso es tan importante este don, porque con este don hablamos con Dios y nos edificamos nosotros mismos. Al hablar con Dios, ¿qué hacemos? Estamos orando en lenguas, en el Espíritu. Pablo dijo: *«Ora con entendimiento, pero también ora en el Espíritu»*. Combine ambas cosas para que la oración sea eficaz y poderosa. Amén.

Veamos lo que dice el apóstol Pablo en el verso de 18, para aquellos que, hoy en día, menosprecian las lenguas:

Gracias doy a Dios, de que sé hablar en lenguas más que todos vosotros.

No era que Pablo alardeara, no; es que él era sincero, hablaba así y llamaba a las cosas por su nombre. Pero le quiso enfatizar a ellos la importancia que tenían éstas, y les decía que él hablaba más lenguas que todos ellos juntos. Se dirigía a los Corintios. Quiere decir, que para él, parte de su ministerio era hablar en lenguas continuamente. Y ¿cuándo lo hacía? ya que nos dice que en la iglesia él lo que hacía era enseñar, era un maestro de la Palabra además de su ministerio apostólico. Enseñaba, pero lo hacía en el lenguaje que ellos entendían. Sin embargo, nos dice, que hablaba *«más lenguas que todos ellos»*. Y ¿cuándo las hablaba entonces? De rodillas, cuando estaba orando. En su vida privada, él vivía lo que enseñaba: *«Ora con entendimiento, ora en lenguas, canta con entendimiento, canta con el Espíritu»*.

Hace algunos años, Dios me llamó a un ayuno de cuarenta y un días. Él se glorificó al impartirme fuerzas sobrenaturales y fortaleza especial de lo alto. Al salir el Señor me habló y me dijo: *«Te voy a enseñar a danzar en el Espíritu»*. Yo llevaba trece años de convertido y nunca había danzado. Sentía el poder de Dios, pero no lo hacía. También me dijo, que me iba a enseñar a cantar en lenguas. Yo dije: *«Amén, Señor, lo que Tú me enseñes, yo lo quiero. Sea a danzar a cantar en el*

Espíritu o tirarme contra el suelo, siempre que venga de Ti, yo lo quiero, porque sé que es para bendición de mi alma y para bendición de otros; lo quiero». Apenas pasó el ayuno, salí y ministraba a los que trabajaban conmigo. Un día, mientras ministraba, el Señor me dijo: *«danza»*, yo dije: *«Cómo va a ser eso, si yo no sé».* Pero Él me insistió y yo traté. Al principio sentí que pisé a alguien. El Señor me dijo: *«Verás mañana lo que voy a hacer contigo».* Al otro día, cuando el Espíritu me dio la orden, di unos saltitos y, mire hermano, aquellos eran preciosos, no toqué a nadie. Con una agilidad sobrenatural, que me quedé asombrado, dancé por todo el salón. Yo dije: *«Señor, ahora sí que Tú me enseñaste».*

Diversidad de manifestaciones del Espíritu, diversidad de movimientos del Espíritu, pero todo para el bien común. Todo para edificación, para bendición. Bueno, ¿qué pasó mientras yo danzaba? Que todos los hermanos caían en bendición. Era edificación común, para el bien común. No es para hacer un *«show».* El *«show»* lo da el diablo en un cabaret. Mire hermano, yo ni en el mundo bailé bien. Gracias a Dios por eso. Pero esto ahora es por el Espíritu, para el bien común y para edificación nuestra, porque cuando lo hago, siento la bendición de Dios y siento lenguas especiales que salen, que no las puedo detener. En el instante que el Espíritu de danza se manifiesta en mí, no puedo hablar en español, tengo que hablar en lenguas y lenguas tan extrañas, que cuando las oigo en la grabación digo: *«Señor, ¿pero qué era eso?»* Son diversas manifestaciones del Espíritu.

Poco tiempo después, mientras cantábamos un coro en el escuadrón (los hermanos que colaboran conmigo en el ministerio), el Espíritu me mostró: *«Cántalo en lenguas»*. Yo traté y notaba que el asunto era medio raro y que no tenía habilidad pero traté, como el Señor me mostraba, y de pronto sentí que venía una fluidez y una acentuación precisa. Si usted es obediente al mandato de Dios y usa lo poco que Él le da, será recompensado, pues dice la Palabra: *"Si en lo poco eres fiel, en lo mucho te pondré»*. Es tener interés y pedir, tener entendimiento de la Palabra y Dios se manifiesta, por que el Dios de nosotros, es un Dios Espiritual. Él quiere que vivamos una vida espiritual, saturados de las manifestaciones de Él.

El apóstol más grande que podemos encontrar en la Biblia, que es Pablo, hablaba más lenguas que todos los corintios. Hoy en día hay evangélicos que dicen: *«No quiero eso, eso era para los apóstoles, era para otros»*. Hermano, eso está en el cuerpo de Jesucristo, es una señal que seguiría a la Iglesia de Cristo; y además de la señal, es un don del Espíritu Santo. Observen, no es algo pequeño, porque hemos estado un buen rato en este aspecto solamente. Si fuera el más pequeño ya lo habríamos cubierto. Este don es como un trampolín que lo lanza a los demás dones. Al usted hablar en lenguas por horas, se edifica a sí mismo, y puede venir la unción para milagros, o el don de fe, o recibir cualquiera de los demás dones en estos períodos de oración. Por eso hermano, el cristiano no puede ser carnal, ni mundano, no hay tiempo para eso. Tenemos que orar en abundancia y darle oportunidad al Señor para que trabaje con nosotros. ¿Cómo puede Dios edificarlo, bendecirlo y llenarlo de todo lo que Él quiere, si usted no le dedica varias horas de oración diaria?

Hay veces que siento ira de Dios cuando llamo al pueblo a orar; porque todas las noches el Señor me muestra: *«Mira cuántos no alzan la mano, no participan, son indiferentes, no les importa».* Yo miro y me callo; pero hay momentos en que Dios me muestra esto de forma imperiosa y tengo que decirlo. Hermanos, el cristiano que no puede participar ni orando media hora diaria por las almas, es como un árbol sin fruto dentro de la iglesia. ¡Por las almas hay que tener amor!

Hay que orar y clamar por ellas para que sean desligadas de sus ataduras y vengan a Cristo. Si no tenemos amor, no hemos conocido al Señor. Tenemos que estar anhelantes para entrar en las batallas del Señor. La oración en lenguas es instrumento poderoso de batalla contra Satanás. ¡Aleluya! En la ley está escrito, nótelo hermano, que aun desde los días del profeta Isaías dice el Señor:

> *En lenguas extrañas y por otros labios*
> *hablaré a ese pueblo y ni aun así me oirán.*
> Isaías 28: 11

El profeta Isaías profetizó esto y se cumplió en Pentecostés, cuando por primera vez hablaron en otras lenguas y tres mil se convirtieron al oír el milagro de las lenguas. Cuando ore a Dios, pídale que cuando le dé lenguas que haya personas que las entiendan para que se maravillen y se conviertan las almas, «dame lenguas que algún impío extranjero las oiga y se convierta». ¡Aleluya!

En una ocasión había un judío que tenía muchas dudas y comentaba: «Yo no creo esto, yo no puedo creer nada de esto que se dice acerca de Cristo». Un día se fue a un sitio donde se predicaba acerca de Dios y donde se estaba orando. Él tenía curiosidad por ver qué era realmente todo eso que se decía.

Aunque tenía cierta inquietud, abundaba en dudas. No obstante, se acercó y también se arrodilló para ver qué sucedía. Una hermana que estaba orando, salió hablando en lenguas y el lenguaje que Dios le dio fue el hebreo y ahí Dios le habló a aquel judío incrédulo. Le hablaba detalles de su vida en un hebreo tan perfecto que él se quedó asombrado, y cuando la hermana terminó se le acercó y le preguntó donde había aprendido dicho idioma. Ella no sabía que había estado hablando en hebreo. El judío se convirtió a Cristo. Aquella hermana nunca había estudiado el hebreo, sólo hablaba por el Espíritu.

El don de lenguas es para señal, no a los creyentes, sino a los que no creen. Aparte de eso, usted se edifica a sí mismo, porque está orando, hablando con Dios. Añade el verso 26:

«¿Qué haremos entonces hermanos? Debemos orar con entendimiento, y orar en lenguas».

Eso es en los períodos de oración; pero en el culto el asunto varía. ¿Qué hacemos entonces en cuanto a las lenguas? Mire lo que dice la Biblia:

Si alguno habla en lenguas, que sean dos o tres, por turno y que uno interprete, pero si no hay quien interprete, cállese en la iglesia, pero háblelas consigo mismo y con Dios.

Y esto hay que enseñarlo con mucho cuidado, porque si usted está en el culto y desciende el

Espíritu Santo sobre usted y siente el impulso de hablar en lenguas, no lo impida, háblelas consigo mismo y con Dios, y al mismo tiempo con sus oídos abiertos oyendo lo que se está hablando en el culto. Usted se edifica en toda esa actividad, pues es del Espíritu. El Espíritu es ordenado y Él sabe lo que hace.

Esta enseñanza es para que usted sepa que no debe comenzar a hablar las lenguas a todo volumen mientras se enseña, porque de lo contrario, va a interrumpir la enseñanza. Si no se doctrina así, puede darse el caso que en medio del mensaje, o en medio de la enseñanza de la Palabra, algunos hermanos interrumpan, y así no puede haber edificación. Ahora, si hay alguien que trae la interpretación, entonces la iglesia será edificada. Cuando sienta ese impulso, háblelas callado. Haga las cosas con el entendimiento de Dios, en el orden de Dios. Y el orden de Dios durante la enseñanza y el mensaje, es que usted las hable consigo mismo y con tal sabiduría, que usted oiga también lo que se está hablando.

Pablo dice claro, que en el culto, cuando se reúne la iglesia para hablar, enseñar y traer mensajes de la Palabra de Dios, si hay lenguas, háblelas uno primero y alguien interprete, porque ahí Dios le va a hablar a la iglesia. Ahora, en el momento del culto en que estamos enseñando, y Pablo está hablando de un culto de enseñanza, porque él dice: «No voy a enseñar en lenguas, enseño con entendimiento». En ese culto puede haber un momento en que haya oportunidad de que se hable en lenguas y otro en que alguien traiga un testimonio, o de que alguno comparta lo que el Espíritu quiera decir a la iglesia. Cada cual en orden de modo que todo el mundo oiga y se edifique. Hay que escuchar con atención, pues a menudo, en el momento de hablar la Palabra, hay hermanos que hacen otras cosas; hablan entre sí, o se distraen en otros menesteres y eso es una grave falta de respeto a Dios, pues Dios demanda atención a Su Palabra.

No se le debe permitir a nadie hablar mientras se está llevando a cabo el culto. Tiene que haber disciplina. Esto es cuestión de vida o muerte, nadie puede cometer este descuido, pues una falta de estas puede costarle la salvación a alguien que es interrumpido en el momento de la decisión. Quiere decir, que en cuanto al culto, las lenguas pueden tener su manifestación para edificar la iglesia. Pero en el período de oración, hable las lenguas como sienta hablarlas, como más se goce. Gócese en el Señor. Quede aclarado que durante la predicación y la enseñanza de la Palabra, las lenguas se hablan para sí, sin haber interrupción; a menos que sean lenguas con interpretación, donde va a haber edificación a la iglesia, con entendimiento, en el orden de Dios. Dios no · quiere que escandalicemos, Él quiere que nos llenemos, nos edifiquemos y que todo se haga en Su orden. ¡ Sea glorificado el Señor!

En el verso 39, el apóstol Pablo dice:

Así que hermanos míos, aspirad a la profecía.
En cuanto a las lenguas, no lo impidáis.

Es decir, que no se le puede impedir a nadie que las hable. Si está en alto volumen durante el culto, se le puede decir que baje la voz, pero que las siga hablando consigo mismo y continúe escuchando el mensaje también. Yo no puedo impedirlo, ni nadie. *«Hágase todo decentemente y por orden»*. Esa última parte, algunos la toman para criticar las iglesias de avivamiento porque levantan las manos al cielo y comienzan todos juntos a alabar a Dios. Hermano, el clamor unánime de ese pueblo, es una bendición gigante, pues es el momento para eso. Para todo hay un momento y para todo hay tiempo.

A veces ese es el orden del Espíritu, alabar a viva voz a Dios, todos juntos y orar unánimes en voz alta. La Iglesia Apostólica lo hacía así. Hechos 4:24.

En una ocasión en que yo estaba predicando

en cierta iglesia, llegó el momento de hacer el llamado y justo en ese momento, se levantó un grupo de hermanos y comenzaron a hablar en lenguas a voz en cuello, de tal forma, que impidieron el llamado a los pecadores que allí habían. Ese momento era para hablarlas consigo mismo, intercediendo por ellos, precisamente, para que se desataran las ligaduras del diablo y estos vinieran al Señor. Hermanos, hay que ser muy cuidadosos con esto. Nunca deben ser las lenguas para interrupción, sino que en todo momento deben ser para edificación de uno mismo y de la iglesia —cuando hay interpretación o cuando se hablan en los momentos apropiados para esto. Es algo elemental y todos tenemos que saberlo, que hay un orden para todo.

Por eso, en la enseñanza de la escuela bíblica es imprescindible ceñirnos a la dirección del Espíritu Santo, porque el Espíritu Santo puede tener para hoy una nueva enseñanza, y algún bosquejo ya preparado hace dos años, viene a ocupar el lugar. Digo esto por el Espíritu, sintiendo la presencia del Señor. Los pastores déjense dirigir por Dios, hagan lo que Dios les diga que hagan, aunque para tal día tengan algo ya preparado, cíñanse al Espíritu y no a la letra. A veces se hacen bosquejos e itinerarios para un año; pero si hay que romper esto por una orden del Espíritu;

hágalo. Los pastores tienen que dejarse dirigir por el Espíritu. Es tiempo de usar la sabiduría que Dios nos ha dado en el orden del Espíritu no el mío, ni de nadie, es el orden del Señor. Usted tome el librito de la escuela bíblica, apriételo contra el pecho y dígale al Señor: *«Este es el orden que voy a usar, pero si Tú me dices que no lo use, no lo uso, yo quiero sólo hacer como Tú me dirijas, sólo tu voluntad».* Háblele así al Señor, busque en todo momento la dirección del Espíritu, sólo así tendremos éxito y victorias gigantes en estas batallas del Espíritu. No tema si lo botan, mejor es que lo bote el hombre y no que lo haga el Señor; por no hacer Su voluntad. No es que esos bosquejos y libritos guías no sirvan, pero no pueden sustituir la dirección del Espíritu, pues el Espíritu Santo puede tener algo especial para cierto día y nosotros impedirlo con algo previamente preparado.

El pastor que está al frente de la iglesia, es el ángel de la iglesia. Y como tal tiene que ser dirigido por el Espíritu de Dios. Debe respetar al líder de su concilio, pero primero obedecer a Cristo y después todo lo demás. Si no, usted fracasará como hombre de Dios. El único que llama, da la victoria en la iglesia, es la cabeza del cuerpo, es Jesucristo.

¡Bendito sea el Señor Jesús!

De modo que, el don de interpretación de lenguas también es importante. Este don está en la iglesia y casi no se manifiesta. ¿Por qué? Algo está mal. Porque ese es uno de los dones que debe estar ahí. Pablo dice *«Todo el que hable en lenguas, ore para poder interpretar»*. Y si eso lo dice el apóstol y la doctrina, ¿por qué no se manifiesta casi nunca? Dios no es culpable, El desea que tengamos todo esto, la culpa es nuestra. ¿Qué falta? Ayuno congregacional y ayuno personal hasta que el Espíritu muestre el momento (Joel 2:15). Otra cosa falta. ¿Qué es? Es el bautismo del Espíritu Santo. Hay congregaciones, con trescientos miembros y hay doscientos que no tienen el bautismo del Espíritu Santo. En el cuerpo de Cristo, Pablo dijo: *«Todos somos bautizados con el Espíritu, todos hemos bebido la misma bebida espiritual»*. Entonces ¿qué cuerpo es ese que no ha recibido algo tan importante como lo es el bautismo del Espíritu Santo? Ese es un cuerpo vacío de Espíritu, y Dios no quiere eso. El quiere un Cuerpo lleno de fuego y Espíritu, una iglesia que se mueva con poder, con autoridad. El cuerpo de Cristo es un cuerpo vivo. En el cuerpo de Cristo están vivas hasta las uñas, todo está vivo, no hay nada muerto. El cuerpo de Cristo es un organismo vivo. Todo el mundo tiene que haber bebido de la vida de Dios que se manifiesta por el Espíritu Santo.

Quiere decir, que la iglesia tiene que penetrar más profundo en el ayuno, la oración de madrugada y a toda hora. En clamor continuo, pidiéndole al Señor que derrame de Su Santo Espíritu sobre todos y cada uno de los creyentes. Una vez que la iglesia ayune y ore en la plenitud que Dios demanda, se llenará del Espíritu y se manifestarán los dones. Habrá quienes se pongan de pie y hablen en lenguas y otra persona se ponga de pie y diga: «Así dice el Espíritu Santo». Hemos tenido cultos en nuestro ministerio Cristo Viene en Camuy, donde hermanos hablan en lenguas y otros reciben la interpretación. En ocasiones, Dios me ha dado la interpretación, pero en otras, se la ha dado a otros hermanos del grupo. Y todos sentimos que Dios ha hablado por Su Espíritu, porque el Espíritu da testimonio de lo que es verdad y de lo que es mentira. Alabado sea el Señor.

Observen lo que es el orden de Dios en todo esto. Hay momentos de alabar y adorar a Dios en voz alta. La alabanza es parte imprescindible de la adoración a Dios, y parte básica del culto. Un pueblo que no alaba, es un pueblo sin vida. La Palabra dice que Dios habita en la alabanza de Su pueblo. En esos períodos de alabanza, Dios bautiza y derrama fuego sobre el pueblo y se aviva la iglesia. ¡Aleluya!

Así que hermanos, todo el que es celoso para lo de Dios y tenga lenguas, pida interpretación, porque se edifica la iglesia. En muchas ocasiones he sentido la manifestación de la interpretación y clamo a Dios para que me amplíe la manifestación del don. Nunca olvido una noche específica donde Dios me levantó como a la una de la madrugada. Esa noche sentí acostarme temprano, cosa muy rara en mí, pero en esa ocasión así lo hice. A la una de la madrugada, estaba despierto. Comencé a orar y a hablar en lenguas, y según oraba en lenguas, el Espíritu me daba la interpretación detallada. Mientras oraba en lenguas, escribía en español lo que el Señor me hablaba. Él Señor me iba mostrando la interpretación muy clara de todos los vocablos que me daba. Así me dio un mensaje hermoso esa noche. Glorificado sea el Señor. En el escuadrón había un jovencito que Dios llamó a ayuno en varias ocasiones; unas veces a catorce, otras a veintiuno y otras a siete días. La mayor parte de las veces que ese jovencito hablaba en lenguas, Dios me daba la interpretación de sus lenguas. Cuando él hablaba en lenguas, yo me colocaba en una comunión especial porque sentía que Dios me iba a dar la interpretación, y de momento caía el poder de Dios sobre mí sintiendo que venían directo de lo alto las palabras. *«Así dice el Espíritu Santo»*. Y así venía el mensaje completo que el Señor tuviera para el grupo y el poder de Dios se dejaba sentir en forma gloriosa en todos los hermanos. Todos eran edificados, porque el mensaje de Dios es para consuelo, exhortación y edificación de los creyentes: Por eso Pablo dijo:

El que ora en lenguas, pida en oración poder interpretarla.
1 Corintios 14: 13

Sea glorificado el nombre de Dios.

CAPÍTULO
CUATRO

EL DON DE PROFECÍA

4

EL DON DE PROFECÍA

Veamos ahora el don de profecía. Muchas personas le tienen miedo a este don, pero lo de Dios no es para tenerle miedo. Lo de Dios es para codiciarlo y anhelarlo en el orden del Espíritu. Ahora, en muchas ocasiones sí ha sucedido que han venido profecías no por el Espíritu, que han confundido y han creado divisiones. Por esto, muchos le han tomado miedo a la profecía, pero esto no es para temerse, es para entrar profundamente con Dios, buscando la dirección precisa del Espíritu. Resulta que la iglesia en muchas ocasiones no ha estado edificada hasta el nivel espiritual de discernir qué cosa es del Señor y qué cosa es de la carne o del diablo. Una persona que profetiza de su corazón, de su carne, y habla en la iglesia, crea división o escándalo; lo cual demuestra, falta de madurez espiritual en la iglesia que no puede discernir con claridad.

Es necesario, en los tiempos en que vivimos que la iglesia esté sumergida profundamente en la oración y el ayuno para contrarrestar todo espíritu de confusión que amenace la misma. Si la iglesia está madura espiritualmente nadie puede engañarla con una falsa profecía pues el Espíritu Santo lo declarará. Hermanos y pastores, no le teman a la profecía, codícienla, porque dice la Biblia que la profecía es para edificar la iglesia, para consolarla y exhortarla. Aleluya.

La profecía es mayor que el hablar en lenguas. Dios clasifica lo suyo como Él quiere y no se puede cambiar esto. El don de profecía es más grande que el don de lenguas, porque éste te edifica a ti, pero el de profecía edifica a la iglesia. ¿Qué es más grande, usted o la iglesia? La iglesia, pues por tal razón la profecía es más grande que las lenguas. El apóstol Pablo dice, *«deseo que profeticen».* Y en el orden del culto dice:

«Si hay dos o tres que profetizan, háganlo en orden, uno profetiza y los demás oyen».

Dice que los demás oigan y juzguen la profecía. Esto es lo importante, no es que le crea a cualquier profecía. No es que salga corriendo a ejecutar lo que le profetizó tal o cual persona. Es que usted juzgue, y si el Espíritu le da testimonio de que eso es así, usted obedezca a Dios. No está obedeciendo al vaso, obedece a Dios. Por eso es tan importante que haya don de discernimiento (al que entraremos en breve en el estudio del mismo) para que cuando la profecía se manifiesta, la iglesia juzgue, el pastor juzgue y se sepa si habló el Señor o no.

Ahora, el que tiene el don de profecía tiene que cuidarse, pues es una persona que tiene que vivir una vida de oración y ayuno profunda, para que pueda edificar la iglesia con ese don y no se deje confundir ni usar por Satanás, o por la carne y dañar el asunto. El que tiene el don de profecía deber orar profundamente y decir: «Señor, jamás permitas que yo hable una palabra que no sea por tu Espíritu y jamás permitas que yo vaya a hablar una profecía a menos que no sea en el momento tuyo. Antes, llévame para el cielo». Es mejor irse para el cielo que dividir una iglesia con una profecía falsa. No anhele hacer alarde que es profeta, porque algunos profetizan de su corazón, o porque quieren que otros oigan que profetizan. Eso es un espíritu del diablo que lo quiere tentar. Si Dios en la iglesia no lo quiere usar en la profecía, no hable una palabra. Los profetas del Antiguo Testamento, decían: «No hablo nada, si no me lo habla Jehová». Cuando empezaban a hablar decían: «*Así dice Jehová, el Señor*». Quiere decir que ellos no hablaban de parte de ellos, sino de parte de Dios. Estaban bien seguros que el oráculo venía de parte de arriba, del cielo.

El que tiene el don de profecía, lea el capítulo 14 de 1 Corintios muchas veces, grávelo en su corazón. Cuando usted sienta que viene el impulso de la profecía sobre usted, medite primero y ore: «*¿Señor, eres tú?, Muéstrame si eres tú, confírmame si eres tú*». Pruebe ese espíritu, porque cuando usted hable los demás lo van a juzgar, pues el que tiene el don, ese es el que tiene que juzgar primero. Piense con cuidado primero, pues puede ser de Dios el espíritu que le está hablando y puede no ser de Dios. Porque usted tiene también su espíritu humano que habla y una mente que piensa y se puede equivocar.

Engañoso es el corazón más que todas las cosas.
Jeremías 17:9

También está el diablo, que a eso vino, a engañar y a tejer mentiras, pues él es padre de toda mentira y es el corruptor de las mentes. Si está viviendo una vida espiritual firme en el Señor, orando y ayunando como debe, cuando el espíritu de profecía viene sobre usted, pida confirmación al Señor. Cuando sienta que esa confirmación viene, dígale al Señor que le muestre cuándo va a hablar ese mensaje. El momento adecuado es muy importante, pues a veces se han visto hermanos profetizando y la iglesia a viva voz hablando en lenguas y nadie oye la profecía. ¿A quien le está profetizando? La profecía es para edificar la iglesia, no es para uno mismo. Cuando vea el momento oportuno en que le va a oír la iglesia, entonces se pone de pie con la autoridad de Dios, porque usted va a hablar de parte de Dios, y dice: *«Hermanos, así dice el Espíritu Santo»*. En el Antiguo Testamento, los profetas decían: «Así dice Jehová, el Señor» y comienza a decirle a la iglesia el mensaje que Dios está dando. Pero en el Nuevo Testamento, el nombre de Jehová no aparece. Ahora aparece el nombre de Jesús, es la dispensación del Espíritu Santo.

Cuando Agabo fue a profetizarle al apóstol Pablo, le dijo: *«Así dice el Espíritu Santo, al varón dueño de este ceñidor...»*. Esa es la profecía del Nuevo Testamento. Usted debe moverse conforme a la doctrina apostólica para que esté más ajustado a la Palabra. *«Así dice el Espíritu Santo».* Hable en voz alta lo que el Señor le dé, que lo oiga toda la iglesia. Antes de hablar, usted debe orar al Señor con cuidado en donde usted esté y dígale: *«Señor, manifiesta autoridad, dame voz clara, reúne las mentes para que me oigan, que eres tú el que vas a hablar, no soy yo, no permitas que nadie en el momento que yo hable vaya a hablar en lenguas a toda voz y me interrumpa».* Prepare su ambiente con oración no sea precipitado, ni hable una palabra hasta que no llegue el Espíritu y le muestre: *«Ahora es mi siervo, ponte de pie y habla».*

La profecía es tan importante, que no se puede perder. Es para edificar la iglesia, consolarla y exhortarla. Desearíamos que el Señor levante dos, tres, cuatro o más con don de profecía en la iglesia, pero que profeticen en su orden. Si cuando uno está profetizando, viene el espíritu de profecía sobre otro, no se vaya a parar a profetizar también. De hacerlo, está interrumpiendo al que está profetizando y ya no es orden como manda la Palabra. El Señor quiere todo en orden:

Y si algo le fuere revelado a otro que estuviere sentado, calle el primero. Porque podéis profetizar

... para que todos aprendan y todo sean exhortados.
1 Corintios 14:30-31

Así se hace todo en el orden de Dios, para que la iglesia sea edificada. Gloria a Dios.

Lo más edificante es que Dios le hable a la iglesia. Si este don no se manifiesta, entonces, ¿cómo Dios va a hablar, a través de Su Palabra escrita? Sí, amén, creo que El nos habla cuando leemos Su Palabra, pero los dones están en la iglesia, y Dios habla por interpretación de lenguas a la iglesia. Eso está aquí en Su palabra y Dios habla por profecía a la iglesia. No podemos deshacernos de esa bendición, porque esa es la voluntad del Señor. Lo que hay que hacer es apropiarse de esto, y decir: *«Señor, ¿cuándo vas a levantar tres o cuatro que profeticen aquí por tu Espíritu?»* y así entrar la iglesia completa en ayuno, para que se manifieste este precioso don. En muchas ocasiones los dones no se manifiestan porque en la iglesia hay mucha incredulidad, o mucha gente carnal, que son un impedimento para que se manifieste el Espíritu a plenitud. Cuando la iglesia entra en el ayuno de Joel 2: 15, entonces los dones comienzan a manifestarse, los carnales reciben el bautismo y todos pueden entender y asimilar. Ahora, imagínese que haya alguien que se levante en profecía y hable palabra legítima de Dios y hayan veinticinco o treinta carnales en la iglesia que desconocen lo de Dios, ¿quién va a juzgar? Cuando dice la Biblia:

Si alguno profetiza, los demás juzguen.
1 Corintios 14:29

Pablo le está hablando a una iglesia, donde él dice «todos tenemos el bautismo, todo hemos bebido la misma bebida espiritual». En la carne, usted no juzgue nunca, porque el que juzga será juzgado. La Biblia dice: *«Pero el hombre espiritual, lo juzga todo y de nadie es juzgado él»*. Porque está viviendo conforme al Espíritu. Quiere decir, que la profecía hay que codiciarla, pero de ninguna manera podemos permitir que cualquier profecía sea aceptada, no, el Espíritu tiene que dar testimonio. Amén.

Es claro que la Biblia dice: *«Mas el que profetiza, habla a los hombres para edificación, exhortación y consolación»*. Habla del don de profecía. Algunos tienen el don de profecía pero no tienen el ministerio del profeta. El don de profecía es un don, pero no un ministerio. El que tiene este don tiene que limitarse a edificar, exhortar y consolar la iglesia con la manifestación del Espíritu que

Dios trae a través de él. La Biblia no dice que el don es para predecir el futuro, ni para decirle a nadie con quién tiene que casarse, o si tiene que dejar el trabajo actual y tomar otro, o si debe cambiarse de iglesia o irse a otro país a trabajar. Ese no es el propósito del don de profecía. Ya esto entra en el plano de la revelación o los dones de conocimiento.

El que tiene el don de profecía debe mantenerse en lo que Dios le ha dado, o sea, consolar, edificar y exhortar a la iglesia para que todo sea bendición; pero en cuanto se sale de esto y comienza a decirle a la gente los días que tiene que ayunar y que deben dejar sus trabajos, o con quién casarse, ahí es donde se provoca disensión y escándalo y molestias en la congregación. Muchas iglesias se han dividido y se han arruinado por esta clase de falla. El pastor y los hermanos espirituales en la congregación deben estar alertas a esta clase de peligro. Amén.

El ministerio del profeta es algo distinto. En el mismo se manifiestan los dones de profecía, palabra de ciencia y el don de discernimiento. Este ministerio trae revelación a la iglesia de parte de Dios. Hechos 21:10-14, nos habla que un profeta llamado Agabo le predijo a Pablo lo que le iba a suceder en Jerusalén. Fíjate que Agabo era un profeta. Tenía el ministerio del profeta y los dones de revelación operaban en él al igual que el de Profecía. Aleluya. Con todo y eso, Agabo no dirigió a Pablo lo que tenía que hacer, él le dijo lo que le iba a suceder, pero a pesar de eso Pablo se fue a Jerusalén, pues ya él tenía la dirección del Espíritu en su corazón de que tenía que ir a dar testimonio a Jerusalén. La profecía de Agabo le confirmó que era de Dios lo que sentía en su Espíritu, o sea, ir a Jerusalén a testificar de Cristo a los judíos. Aleluya.

Fíjese bien que Pablo no fue dirigido por la profecía, sino por el Espíritu Santo. Aleluya. Esto es decisivo que cada creyente del Nuevo Testamento lo entienda. En el Antiguo Testamento, el pueblo era dirigido por los profetas y cuando había algún problema, traían al profeta para que hablara Palabra de Jehová. En la iglesia de Cristo no es así. Ahora todos tenemos al Espíritu Santo y la Biblia dice que el Espíritu nos guiaría a toda verdad, y si somos hijos tenemos que ser guiados por Él. Romanos 8: 14.

Y añade que el Espíritu da testimonio a nuestro espíritu, (Romanos 8: 16). En palabras sencillas, la guianza de Dios está dentro de cada creyente. Dentro de usted está el Espíritu Santo y así El le habla a su espíritu y le da la guianza necesaria. Una vez que usted recibe eso en su corazón, usted pide a Dios confirmación de ello. Una profecía puede confirmarle a usted lo que ya el Espíritu había insinuado a su espíritu. Entonces usted actúa, pero usted no fue dirigido por la profecía, fue guiado por el Espíritu Santo. El apóstol Pablo había sentido en su espíritu que iría a testificar a Jerusalén. Eso lo tenía él profundo en su corazón. Cuando Agabo le profetizó, le dijo lo que le iba a suceder, pero al mismo tiempo le confirmó que iría a esa ciudad. Nadie pudo convencer a Pablo de que no fuera. ¡Aleluya!

No corra usted detrás de profecías, ni de profetas. Usted tiene la guianza del Espíritu Santo dentro de usted. Si Dios usa un profeta para hablarle a usted es para confirmarle lo que ya el Espíritu tiene que haberle revelado a su espíritu. Ore, ayune y clame a Dios, espere en Él para que el Espíritu Santo le revele a su espíritu la guianza necesaria. Mientras el don de profecía se limita a exhortar, edificar y consolar, para la iglesia es una gran bendición. Es necesario que cada hermano ejerza su ministerio para así hacer la voluntad de Dios. Cada siervo limítese a lo que Dios le ha dado y manténgase en el orden de Dios. Amén.

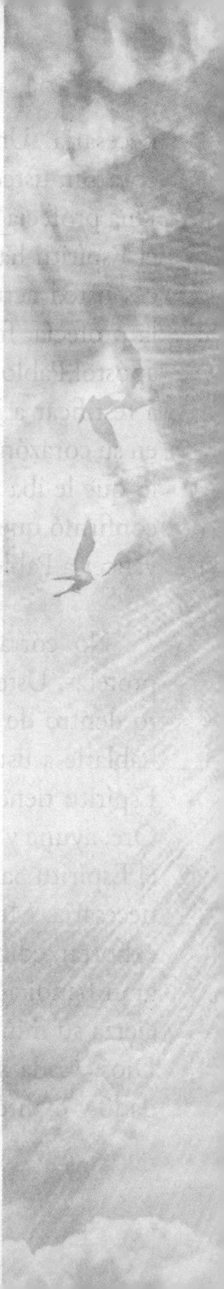

CAPÍTULO
CINCO

DONES DE CONOCIMIENTO

5

DONES DE
CONOCIMIENTO

Pasamos ahora a los dones de conocimiento, dones del saber que vienen por el Espíritu. Esto no se refiere a los conocimientos que aprendió en la universidad, ni en la escuela. Estos son conocimientos que vienen por el Espíritu Santo. Él le revela algo que usted no sabía, Él se lo muestra y usted lo trae a la iglesia. Todo es para el bien común. Entendamos eso bien claro, todo es para bendición de la iglesia. Aleluya. Veamos estos dones de conocimiento.

1. Palabra de ciencia:

Es una revelación que Dios le da a la persona. ¿Cómo viene esa revelación?

a. Puede ser por un sueño, conocido también como visión nocturna, (no podemos menospreciar los sueños). Si es de la carne, lo desechamos, pero si es del Espíritu, es una revelación de Dios. Dios le puede enseñar en sueños muchos misterios.

b. También Dios le puede revelar o impartir un conocimiento por medio de una visión.

c. Dios puede revelar algo a su vida a través de Su voz audible.

d. El Espíritu de profecía le puede traer una revelación y decirle claramente las cosas que van a pasar y es una revelación de Dios. Porque la profecía normalmente lo que hace es edificar, consolar y exhortar la iglesia, pero por la profecía puede venir un conocimiento y Dios mostrarle algo de vital importancia. Sea lo que sea, pida siempre confirmación a Dios. No acepte nada si Dios no se lo confirma; es bíblico pedir confirmación. Estamos peleando contra un diablo que habla, que da sueños, visiones, habla con voz audible y que imita todo lo de Dios, para tratar de confundir al pueblo y a la iglesia. No crea todas las voces. Ore, ayune, y pídale a Dios confirmación, Él no le va a fallar. Viva una vida consagrada a Dios. Cuando Él habla, el Espíritu Santo da testimonio. Por eso todo el mundo tiene que haber bebido de esa bebida espiritual y tener todos el bautismo del Espíritu Santo.

e. La revelación puede venir también en un letargo, dice la Biblia. Un letargo no es sueño, ni es voz audible, ni visión. Usted está de momento así orando y siente como que se va en una especie de éxtasis, que no es precisamente dormido, sino que usted ve u oye de pronto como una voz. Es Dios mostrándole, hablándole, y dándole revelación de algo. En ese letargo puede venirle una visión de algo que Dios también le quiere revelar.

f. A veces Dios sencillamente habla directo al corazón. Cuando usted tiene ese sentir profundo en su corazón, ore para que Dios le confirme pues a veces el corazón es engañoso. Cuídese de decir: «Dios me dijo», sin tener una confirmación clara. Porque el corazón del hombre engaña.

A veces siento en mi corazón dar una campaña en determinado sitio, pero hasta que Dios no me confirma no me lanzo, ni me muevo. Cuando Dios me confirma la campaña, entonces le pregunto al Señor. *«Ahora dime, ¿cuándo es?»*. Yo no puedo ir a un lugar a dar una campaña sólo porque lo sentí en mi corazón. Porque si no es de

Dios, fracaso y le robo el tiempo a los pastores y a los hermanos. Hay que llevar la campaña en el momento de Dios en la dirección precisa de Él; de lo contrario, puede haber fracaso, que las almas no se salven, los enfermos no se sanen y no viene mensaje que realmente edifique al pueblo. De ser así, le ha robado el tiempo a los pastores y a los hermanos.

Hermano evangelista, antes de salir a un sitio a predicar ore, ayune y pida profunda dirección de Dios para moverse. Siempre que vaya dirigido por el Espíritu y en el momento de Dios, verá victoria gigante en su ministerio. Hay que ser sumamente responsables en eso, pues son las almas las que están de por medio. Pida y demande los dones del Espíritu en su ministerio, y que Dios le unja poderosamente con mensaje claro de Su Palabra. Se necesitan los dones para que Dios le hable a uno y hable a la iglesia. Dios habla en profecía, pero también se revela en visiones y en sueños, habla al corazón del hombre y con voz audible Esto es el don de palabra de ciencia.

2. Palabra de sabiduría:

Es el don que te muestra cuándo vas a moverte conforme a la voluntad de Dios. Todo está unido, no se puede separar. Es como el alma y el espíritu que están tan unidos que apenas se puede establecer diferencias entre uno y el otro. Hay que esperar el momento de Dios para todo. No esperar pasivo, sino gimiendo, clamando y orando.

Cuando yo salí de Puerto Rico por primera vez, Dios me habló en un letargo. Me dijo «Santo Domingo». Yo me sorprendí, pero le pregunté en oración al Señor:

—«*¿Cuando voy?*»

Esperé meses orando y gimiendo:

—«*Dime Señor, ¿cuándo voy? No permitas que vaya fuera de tu voluntad, ni antes, ni después de tiempo*».

Varios meses más tarde estaba predicando en un lugar y cuando terminó el mensaje, el pastor me dijo llorando:

—«Hermano, siento que yo tengo que llevarlo a Santo Domingo a usted e introducirlo a la organización nuestra que está allá para que predique».

—Le dije: «Hermano, Dios me llamó a Santo Domingo, pero ahora voy a orar para que Dios me muestre si este es el momento».

Me fui a orar a mi casa y Dios me reveló lo siguiente: «Este es el momento y ese el siervo que usaré para que te lleve allá». Aleluya.

El don de palabra de sabiduría le dice a usted cómo hacer las cosas, cuándo hacerlas, qué hacer, por qué hacerlo y dónde hacerlo, son cinco puntos importantes.

En esta experiencia mía hubo dos manifestaciones de dones: de revelación, me habló en un letargo; y palabra de sabiduría, Dios me mostró cuándo iba a marchar. También me mostró dónde iba, y esto fue en un avión de Pan American.

¿Cómo iba? Fui con el pasaje pagado por ese siervo de Dios.

¿A dónde iba? A la denominación que él pertenecía para empezar y luego el Señor me dijo que me movería por todo el país. ¿Qué iba hacer? Predicar el evangelio y orar por los enfermos. Todos, los cinco fundamentos de palabra de sabiduría, Dios me los mostró. Iba seguro, en el momento de Dios y sabiendo lo que iba a hacer. ¿Qué pasó? Bueno, si Dios me reveló todo, tenía que haber victoria. Era mi primer viaje misionero, tenía un año de convertido. Prediqué cuarenta y cinco días y se convirtieron como seiscientas personas. Parece poco, pues he visto miles de conversiones luego en un solo culto, pero era mucho para mí en mi primer año de convertido. Para mí eso fue una fiesta espiritual, una gigantesca victoria. **¡seiscientas almas!**

Durante los días de campaña predicaba cuatro veces al día. Al llegar a suelo dominicano, el Señor me dijo: «No almuerces». Era otra manifestación del don de palabra de ciencia. Me puso en un ayuno parcial. La comida dominicana a mí me gustaba mucho, por lo que me hice el desentendido y comencé almorzar. De pronto me agarró una clase de dolor de estómago, que un día me tiré a gritar, oré, reprendí, y no se quitaba, pero de pronto comprendí y le dije: *«Señor, yo sé lo que es, quítamelo que no voy a almorzar más»;* y se me quitó de repente. El Señor reprende fuerte cuando desobedecemos. Por el don de palabra de ciencia, Dios habló a mi corazón y me mostró que estaba en desobediencia.

Estuve cuarenta y cinco días de corrido sin almorzar. Desayunaba en la mañana y seguía orando, cuando venía de los cultos a las once de la noche más o menos, entonces comía. Me sentía como si estuviera en un ayuno completo. A los treinta y cinco días salí de allá con· fruto abundante para Dios. Multitud de gente se sanó y hermanos se llenaron de bendición, otros se afirmaron, cientos se convirtieron. ¿Por qué? Porque me moví en la perfecta voluntad de Dios. Es necesario moverse en la perfecta voluntad de Dios. Mediante estos dones, Dios se les revela a los siervos de Dios; y es imprescindible que le pidamos dirección a Dios para cada cosa. Así se evitarán muchos tropiezos y fracasos. Reclamé a Dios los dones, están ahí en la Palabra y son para todo aquel que los anhele de corazón.

Cuando usted tenga un sueño, una revelación de parte de Dios y esté seguro ya que efectivamente es de parte de Dios, y en esa revelación Él le muestra y le revela algo de algún hermano, ore primero y demande entonces palabra de sabiduría para que Dios le muestre el momento y las palabras a usar para ir donde está ese hermano y decirle lo que Dios le mostró y le reveló. No sea apresurado en esto. Si Dios en visión le revela algo, también Él le mostrará cómo y cuando usar ese conocimiento. Por eso, cuando Dios le revele o le muestre algo de algún hermano, primero arrodíllese y dígale al Señor: «*Señor, dime cómo voy a usar este conocimiento, cuándo le voy a hablar al hermano, dime si le voy a hablar o no*», porque puede darse la situación de que la revelación sea para que usted ore y ayune por él y no para que se lo diga a él ni a nadie. Pero todo esto el Señor se lo tiene que revelar.

¿Cómo? Pues utilizando los dones de conocimiento, o sea, ciencia y palabra de sabiduría. Puede darse la situación que se le diga a un hermano algo que Dios le haya mostrado y que se haga en forma indebida y fuera de tiempo, y en vez hacerle bien al hermano, lo hundirá espiritualmente. Todos los dones, dice la Biblia: *«son para edificación común»*. Hay que esperar que Dios nos dé palabra de sabiduría para usar el conocimiento en forma adecuada.

Cuando surge un problema en la iglesia y se levantan algunas contiendas entre la congregación, el pastor tiene que irse de rodillas delante del Señor y decirle: «Señor, dame palabra de sabiduría, revélame, muéstrame, ¿qué voy a hacer, cuándo y cómo lo voy hacer?». Para que así se puedan soltar las armas del enredo diabólico y traer la paz en ese grupo. Pero si llegase a apresurarse con sus fuerzas a tratar de romper el yugo, el enredo va a tomar dimensiones mayores. Hay que pedirle a Dios palabra de sabiduría. Todos los dones son muy importantes, pero pocas cosas son tan importantes como la Palabra de sabiduría, para hacer todo con la sabiduría de Dios y movernos en el momento de Dios. Ni atrasarnos, ni tampoco adelantarnos. Ese es el don que le dice a usted cuándo hacer las cosas y cómo. Si uno se mueve en el momento de Dios, hermano, la victoria está segura. Usted espere en el Señor cuando le pida dirección para algo, pero espere orando y ayunando, en búsqueda profunda de lo que Dios tiene que revelarle y mostrarle. Amén.

En mi experiencia personal cuando me invitan a los lugares a dar campañas, yo no me muevo hasta que Dios no me confirma claro que es ahí donde me quiere. He declinado así varias invitaciones y le he dicho al Señor: *«Yo quiero ir a predicarle a Las almas en ese lugar, pero quiero ir en el tiempo y en el momento tuyo».* Hermanos y así ha sido; el Señor me ha movido a esos lugares, a veces, después de que han pasado algunos años, pero ha sido en el momento de Dios y he visto las victorias maravillosas y los frutos gigantes. Aleluya.

En ocasiones Dios me ha mostrado la fecha para ir a algún país a dar campaña. Los coordinadores se han movido al país y luego de indagar, me notifican que no aparece estadio, ni lugar apropiado para dar campañas. Como yo he sentido la seguridad de que Dios me llamó a ese país, les digo: *«Sí, hay un lugar; hay un sitio bien apropiado asignado a esta campaña, pues Dios me envía y El nunca se equivoca».* Bendito sea el Señor. Así ha sido, ha aparecido el lugar más excelente y adecuado, donde multitudes se han reunido para oír el mensaje de salvación, miles han venido a los pies del Señor y otros tantos han sido sanados de todo tipo de enfermedad. Aleluya. La gloria sea toda para Dios. Para eso hermano, es la manifestación de los dones del Espíritu Santo. Para guiamos y dirigimos con precisión. Dios sí sabe cómo dirigimos para que luego podamos ver Su gloria en todo y vengan los testimonios de las maravillas que Él hace.

En cierta ocasión se me acercó un hombre y me dijo: «*Yo soy fruto de la campaña suya el año pasado en Nueva York. Yo era un adicto a las drogas, fui a la campaña con dos prostitutas. Tenía un revólver en la cintura y sólo fui a reírme de usted, pero cuando usted habló de Cristo, me entregué llorando y tiré el revólver y le dije a las prostitutas hagan como ustedes quieran, pero yo me voy a entregar a Cristo, yo me entrego a Él*». Cuando nos movemos en el momento de Dios y echamos las redes en el lugar que Dios quiere que las echemos, pescamos peces grandes. Cuando Cristo le dijo a Pedro, echa la red a la derecha, si Pedro la echa a la izquierda, allí no hubiese habido pesca alguna, pero Pedro echó la red en el lugar preciso que Cristo le indicó y ahí fue la victoria. La red se llenó de tantos peces que parecía que se rompía y se hundía el barco, pero nada de eso sucedió, porque cuando Cristo está y estamos en Su voluntad, no se rompe la red, ni se hunde el barco, sino que éste se llena de frutos y de bendiciones. ¡Aleluya!

Hermanos, si los dones están en la iglesia y la iglesia es un cuerpo, no podemos evitar que todos estén ligados unos a los otros, porque es un solo cuerpo. Por eso, las actividades de la iglesia no pueden estar desligadas, tienen que estar unidas. Si tenemos una actividad, pues invitemos a los pastores de las diferentes denominaciones. No es sólo invitar a los pastores de la misma denominación suya, no. Si es un solo cuerpo, aquí no hay diez cuerpos, es uno solo. Invitemos a los otros concilios y avisemos a los otros pastores. Esto es una unidad, esto es un cuerpo, tenemos que participar todos.

Así son los dones. Están todos unidos, entrelazados. El don de ciencia no se puede separar del don de palabra de sabiduría. Aleluya.

3. Discernimiento de espíritus:

Este es otro don del Espíritu, en el cual el Espíritu Santo le da conocimiento de qué espíritu se está moviendo. Si alguien habló en lenguas, si es por el Espíritu Santo, el discernimiento le muestra a usted si es por el Espíritu. Si es por el espíritu de la carne; Dios le dice: «*Es por el espíritu humano*». En ocasiones Dios me ha mostrado cuantos espíritus falsos entran a muchos cristianos. Es menester que el don de discernimiento esté manifestado en la iglesia para saber escudriñar todas estas cosas.

Pídale al Señor que le revele las cosas tal y como son.

El don de discernimiento es de una importancia profunda. En una ocasión fui a un lugar a predicar y había una muchacha que todas las noches caía en una aparente bendición en el altar y se levantaba el traje, eso ya era un escándalo. El pastor me dijo lo que estaba sucediendo. Era una jovencita de unos catorce años. La noche que prediqué, en el momento del llamamiento, la muchacha pasó al frente, se tiró al altar y comenzó la aparente bendición. Se tiró al piso, se revolcó y el traje se le levantó. Cuando yo pensé que era un demonio, el Señor me mostró y me dijo que era el espíritu humano. Me le acerqué y le pedí al Señor que me mostrara qué hacer (pedí que el don de palabra de sabiduría se manifestara). Sencillamente no reprendí a ningún demonio, sino que me le acerqué y le hice una seria amonestación, advirtiéndole que de ninguna manera repitiera lo que estaba haciendo o la iba a echar fuera de la iglesia. Fue lo que el Espíritu Santo me mostró que hiciera. Jamás volvió a hacerlo y se acabó aquel problema en la iglesia. Hermanos, tenemos que pedir la dirección para saber qué espíritu es el que se mueve y entonces tratar con sabiduría la infinidad de situaciones raras y diversas que surgen a diario. Aleluya.

En otra ocasión en Barquisimeto, Venezuela, una mujer se desató y le arrojó un puñado de tierra en el rostro a un pastor. Dije: «Señor dime, ¿qué hago?». pues sentí un dolor profundo al ver cómo aquel demonio había lanzado la tierra al rostro de aquel varón de Dios. El Señor me mostró que también era el espíritu humano y qué hacer. Me le acerqué, la sujeté fuertemente y le indiqué firmemente que no repitiera bajo ninguna circunstancia lo que había hecho o le iba a arrancar la cabecita, se puso de pie y se quedó muy tranquila. Aleluya.

Hermanos, infinidad de veces vemos los demonios en acción, y en el nombre de Jesucristo nos acercamos y los reprendemos, pero en muchas ocasiones no es así, es el espíritu de la carne lo que se manifiesta. Por eso, es necesario que antes de actuar le preguntemos al Señor qué es lo que se manifiesta y qué debemos hacer. Él nos va a dirigir y nos va a decir qué hacer y nos dará discernimiento para reconocer el espíritu que hay y palabra de sabiduría para saber cómo actuar. Amén.

Una vez usted discierne lo que hay, el Espíritu le tiene que dirigir, darle palabra de sabiduría y decirle lo que usted va a hacer. En el templo, Jesús tomó un látigo y sacó fuera a todo el que estaba comercializando allí. Jesús hizo como el Espíritu le dirigía al discernir el demonio de negocio que había allí dentro. No estaban vendiendo porque quisieran colaborar con la obra de Dios, o porque había amor para la obra de Dios, o porque había algo que iba a glorificar a Dios. Era porque estaban llenándose los bolsillos de dinero a costa del templo de Dios. Aun hoy día muchos hacen eso. Algunos me han preguntado ¿qué cree usted de las ventas en la iglesia? Yo les he dicho: *«Un momentito, no juzgue a la carrera»*. Si Dios ha dirigido a un varón de Él, a vender alguna cosa para ayudar a la iglesia y a la obra de Dios en alguna forma, nosotros callemos. Pídale a Dios que le muestra lo que hay, que si es por el Espíritu Santo, ¿quienes somos para interferir? Ahora, si es un espíritu de negocio, oremos a Dios para que Él tenga misericordia de ellos y rompa esa trama que avergüenza y afecta la obra de Dios, pues el Espíritu se contrista.

Esperemos que Dios nos muestre las cosas. Luego aconsejemos en amor lo que Dios nos ha revelado. Hay tres espíritus que se pueden mover. El Espíritu Santo, que es el que queremos que se mueva, el espíritu humano, que tiene necesariamente que moverse, pero que no se debe mover en desorden, ni fuera de la voluntad de Dios, y el espíritu del diablo, que a ése hay que reprenderlo y no se le puede permitir que se mueva de ninguna manera. Usted debe con cuidado clamar a Dios por discernimiento para que le muestre, porque hay veces que el espíritu del diablo se mete en la iglesia y se mueve.

En una ocasión había un siervo de Dios en un campaña. Empezaron a cantar un coro y una hermanita empezó a danzar. De pronto el hermano dijo: «*Detengan el coro*», llamó a la hermana y le dijo: «*¡Quién te llamó a danzar aquí!*». Le estaba hablando al diablo que la usaba. Le puso la mano y reprendió al demonio en el nombre de Jesús. Cuando terminó dijo: «*Canten el coro otra vez*». Cantaron y la hermana no volvió a danzar. El demonio había salido de ella. Por el don de discernimiento, el hermano supo qué espíritu se movía y por el don de milagros hubo liberación. Aleluya.

CAPÍTULO
SEIS

LOS DONES DE PODER

6

LOS DONES DE PODER

Hermano, si hay algo que necesitamos hoy día es poder de Dios. Porque con poder de Cristo es que podemos echar fuera los demonios. Si usted discierne que hay un demonio, pero no hay poder, se queda el demonio ahí. Si usted discierne que un demonio es el que se está manifestando, tiene que tener poder y autoridad para echarlo fuera. Para que se manifieste el don de fe y no hay diablo que se resista.

1. Dones de sanidad divina.

Es un don que se manifiesta en multitud de creyentes, por medio del cual se ora por los enfermos y estos se sanan. Oímos multitud de testimonios en las campañas, de enfermos que se sanan de tantas y diferentes enfermedades. Eso es el don de sanidad divina que se manifestó. Dios es quien lo hace. No hay demonio que se resista ante el poder de Dios. En la sanidad, la persona tenía síntomas, tenía malestar y tantas cosas, pero al orar queda sano para la gloria de Dios.

La sanidad divina existe como don, pero también es una señal que seguiría a los creyentes.

Y estas señales seguirán a los que en mí creyeren,
sus manos pondrán sobre los enfermos
y sanarán...
Marcos 16:15

De modo que, aunque usted diga que no tiene el don, si hay un enfermo póngale la mano, ore y diga:«*Señor, tú dijiste que estas señales seguirían a los que creen, pondrían las manos sobre los enfermos y sanarían. Por eso en tu Nombre pongo mi mano sobre esta persona, creyendo por Tu palabra que será sanado*».

Hable fe, crea que se sanó, aunque vea lo que vea, usted crea que el Señor lo sanó y dele gracias al Señor por eso. Algunos hermanos dicen: *«No, yo no oro, yo no tengo el don»*, pero si usted es un creyente esa señal se manifiesta en los creyentes. El que tiene el don, pues ya tiene una manifestación especial donde Dios lo impulsa a moverse por diferentes lugares y en formas diferentes.

Cuando Dios me mostró que el don de sanidad divina estaba en mí, yo no pude resistirme. Me moví a los hospitales, por todos los lugares y cuando salía del hospital del distrito de Arecibo en Puerto Rico, me iba corriendo al hospital municipal de Camuy, mi pueblo, y de ahí partía para un hogar. Porque yo quería aprovechar hasta el máximo el don. Se sanaban y se convertían muchos. Si no tiene el don, primera mente pídalo y segundo, no se esquive cuando hay algún enfermo; ore por él, pues es una señal para los creyentes, *«pondrían las manos sobre los enfermos y sanarían»*. Si no sana al instante, diga: *«Está sano, por las llagas de Jesucristo, está sano porque es promesa de Dios, lo creo, gracias Señor»*, y siga caminando. Aunque no todos tienen don de sanidad, pues así lo dice Pablo, pero la señal sigue a todos los creyentes. Quiere decir, que en una u otra ocasión Dios lo puede usar a usted en sanidad, por el poder de la Palabra.

En estos últimos días, el Señor ha estado manifestando el don de palabra de ciencia en nuestro ministerio como nunca antes. Ministramos en la ciudad de Choluteca en Honduras, y sentí llamar los sordos de un oído a la plataforma. Subieron como ocho, pasé a uno de ellos al frente y le pregunté lo que tenía. Me dijo:

—«Desde niño tengo el tímpano perforado y no oigo nada».

Le dije que iba a hablar la Palabra de Dios a favor de él y que Dios le iba a poner un tímpano nuevo. Cuando comenzamos a orar, miré el resto del grupo y alguien me dijo:

—*«Ese joven que está en la parte de atrás es un incrédulo, y no se sanará nunca».*

Yo no pude discernir de momento quién me habló y comencé a orar en lenguas. De pronto el Espíritu me habló:

—«Ese joven que el diablo te dijo que es un incrédulo, ya está sano. Llámalo a testificar ahora mismo».

Detuve la oración de todos y lo llamé.

—¿Qué tenías?, le pregunté.

Me dijo:

—«Hace veintidós años que estoy sordo. De acuerdo a los médicos no tengo tímpano».

Le dije: «El Señor me dice que estás sano. Tienes un tímpano nuevo». Lo probamos y oía perfectamente.

Apenas lo habíamos probado, el Espíritu volvió y me dijo:

—«El otro joven que está al frente ya está sano». Lo probé y escuchaba perfectamente.

Primero se manifestó el don de lenguas y ahí el Espíritu hizo intercesión por ellos. El que habla en lenguas, ora en el Espíritu. Luego se manifestó el don de palabra de ciencia y ahí el Espíritu le habló a mi espíritu que estaban sanos, que ya el don de milagros había obrado la sanidad. Gloria a Dios.

Otra noche, en la campaña en Honduras, cuando fui a orar por los enfermos, de pronto el Espíritu me reveló: «Hay tres personas que tenían hernias y ya se le desaparecieron». Le pregunté qué hacía y El me mostró que los pasara al frente corriendo a testificar. Los llamé diciendo: «Hay tres personas que tenían hernias. El Señor me dice que están sanos. Pasen corriendo acá a la plataforma y testifiquen». En pocos minutos pasó una joven corriendo y detrás dos mujeres más que también corrían entre las alabanzas del pueblo. Las probamos y a las tres se les habían desaparecido las hernias. Por el don de la palabra de ciencia, el Señor me mostró las tres hernias ya sanadas y por la palabra de sabiduría me mostró qué hacer con esa situación. «que pasen corriendo». Al pasar las tres corriendo, se levantó una atmósfera de fe y de gran bendición para el resto de los enfermos. Por el don de milagro las hernias desaparecieron. Aleluya.

Oremos y ayunemos para que la operación de los dones del Espíritu se agigante, que Dios en ello sea glorificado y la gente mucho más bendecida. Amén.

2. El don de milagros.

Está muy relacionado a la sanidad divina y es una manifestación de sanidad mucho más sobrenatural, donde Dios hace algo que no es sencillamente desaparecer un malestar o los síntomas de cierta enfermedad, sino que Dios tiene que hacer evidentemente algo maravilloso como desaparecer una hernia, alargar una pierna corta, crear plata y oro en las caries, crear curvatura a un pie plano, levantar a un paralítico o resucitar un muerto. Esas no son sanidades, sino una manifestación del don de milagros.

Una persona que vino a una de nuestras campañas y testificó que le habían cortado el nervio bucal, los médicos le habían dicho que no podría hablar jamás; sin embargo, el testimonio fue dado por sus propios labios. Eso es un milagro creativo de parte de Dios, pues le tuvo que crear el nervio que le habían cortado. A otros les ha alargado piernas, o brazos, pues tenían uno más corto que otro. Para eso Dios ha tenido que crear huesos, nervios y tejido. Son milagros preciosos de parte de Dios. Algunos me han dicho: «*A lo mejor le acortó la pierna larga, o le acortó el braza largo*», bueno si esto fue lo que hizo lo sabe Él, pero lo grandioso fue que los igualó y manifestó un milagro, un milagro creativo. Si le acortó la pierna larga, o el brazo largo, el milagro fue mayor todavía, porque para alargarlos tenía que crear materia y para acortar los tenía que desaparecer materia. Para Dios ambas cosas son iguales de sencillas. Todo es posible para Él.

Hay veces que el don de milagros y el don de sanidad se manifiestan juntos. Supongamos que alguien tiene un dolor de cabeza terrible, pero no un dolor de cabeza cualquiera, sino que es un demonio alojado dentro y usted tiene que reprenderlo con autoridad, con fe sobrenatural para que se manifieste el don de fe. A lo mejor ese demonio está lastimando tejidos del cerebro, pero cuando usted con fe lo reprende, se manifiesta el don de fe y el demonio se va. Entonces Dios hace un milagro, regenera los tejidos, los hace nuevos y la persona empieza otra vez a pensar bien, a sentir tranquilidad y ahí vemos la manifestación de varios dones. Se fue el dolor de cabeza (don de sanidad), se arreglaron los tejidos dañados (don de milagros), se fue un demonio que hacía todo ese trabajo ahí (el don de fe que se manifestó). Sin fe no hay demonio que se vaya. Cuando los discípulos no echaron el demonio epiléptico, Jesús les dijo: «Por vuestra falta de fe». No se manifestó el don de fe. Si se manifiesta el don de fe, el diablo sale a toda velocidad. Les digo esto porque lo he vivido en las campañas.

Una noche, durante una campaña en la ciudad de Ponce, Puerto Rico, reprendí los demonios, sentí una autoridad como pocas veces la he sentido, fue tan grande y la fe fue tan profunda (hubo una manifestación del don de fe), que los demonios salieron a tal velocidad, que tiraron al piso la mesa donde los ujieres toman los nombres de los nuevos convertidos. Cayó la mesa, cuan larga era, tendida en el piso. Cuando gritaron: «Se cayó la mesa», les grité: «La velocidad que llevaban los demonios». ¿Por qué yo dije eso? Porque el Señor manifestó el don de discernimiento. Discerní por el espíritu que no se cayó por un viento, ni porque la empujó una mano humana. Se cayó porque una legión de demonios le pasó por el lado y con la velocidad que llevaban la tumbaron. En ese momento se manifestó el don de fe y el don de milagros, porque ocurrieron en

una multitud de gente; don de sanidad, porque
se sanó otra multitud de personas, y el don de
discernimiento porque Dios me mostró quien
había tumbado la mesa. Sea bendito el Nombre
de Dios. Por eso, cuando yo oro en las campañas,
le digo a toda la multitud: «Estén en comunión,
esté orando, hermano».

Hay muchas ocasiones en que durante el momento de la oración por los enfermos, muchas
personas y muchos hermanos están hablando los
unos con los otros. Les digo que esta situación
me preocupa seriamente, para mí eso es un escándalo. Durante un momento como ese, es incon-
cebible que se sostengan conversaciones, mientras muchos que sufren tiene su única esperanza
en Cristo. ¿Dónde está el amor de Dios?

¿Dónde está el fervor espiritual? Si es pastor o
evangelista, están en el deber de dar ejemplo a los
demás y no permitir que le traigan conversación
en el momento de orar por los enfermos. Aquel
que en el momento de orar por los enfermos, no
puede orar por ellos, no siente amor, y sea quien
sea deberá de convertirse de nuevo.

Mi Biblia dice, «que el que no tiene amor, no
ha conocido a Dios», (1 Juan 4:8). Esa es Palabra
de Dios. Realmente yo siento ira de Dios cuando
comienzo a orar y veo a veces hasta siervos de
Dios hablando. Dice la Palabra que «con la vara

que medimos, somos medidos», (Lucas 6:38). Y si sentimos misericordia por los enfermos, no alcanzaremos misericordia para nosotros.

Estaba una noche en una iglesia, llegado el momento de oración por los enfermos, cayó una hermana con un demonio, de tal manera que la trajeron en forma horizontal al frente.

¿Qué pasó? Que mientras orábamos por los enfermos, ella estaba fuera hablando con otros. Cuando me la trajeron para que orara por ella, el Señor me mostró que no orara por ella, pues había un juicio de El sobre esta hermana y yo no pude orar por ella. Un demonio de los que salió, entró en ella. Asimismo puede entrar en cualquiera que se descuide.

Ministraba una noche en un campo de Vega Alta, Puerto Rico, cuando vi una mujer frente a mí y pude discernir que había demonios en ella (don de discernimiento). Sentí el impulso del Espíritu (palabra de sabiduría de Dios), el Señor dice que no ponga la mano precipitadamente sobre nadie, dije: «*Señor, ¿qué hago?*». Cuando sentí de Dios que me mostró poner la mano, la llamé y le puse la mano, cuando así lo hice, ella cayó de espaldas a tierra, al mismo tiempo cayó una vaca que había detrás de la plataforma, que si no le cortan la soga, se ahorca aquel animal.

El demonio que salió de la mujer atacó y embistió aquella res.

Quiere decir, que el que esté en la campaña debe estar en comunión profunda. Esa situación de gente que le entran demonios por su falta de comunión al momento de estar orando por los enfermos, la he visto en infinidad de ocasiones. Mientras se ora por gente en estas condiciones, no es tiempo de estar mirando para el lado, ni es tiempo de estar hablando con la novia, ni con nadie. Es momento de estar en profunda comunión con Dios y de estar orando y reprendiendo también. Dios es un Dios de orden. Es momento de gemir y llorar por los enfermos. Ore en lenguas y con entendimiento. En ese momento diga: «*Úngeme Señor para orar y gemir por Los necesitados y Los enfermos*». Si usted ora así y Dios lo unge, por cada lágrima que usted derrame, demonios vuelan y salen de los pecadores. Cuando Cristo lloró frente a la tumba de Lázaro, éste se levantó de entre los muertos. Cada cual use lo que tiene, todo lo que Dios le ha dado, para eso son los dones; para edificación para llevar bendición, pero tienen que manifestarse. Nosotros somos los vasos, a través de nosotros se manifiestan.

No hay forma de separar el don de milagros y de sanidad. Cuando hay un milagro, normalmente hay alguna sanidad. Puede haber una sanidad y que no haya ocurrido exactamente un milagro, pero si ocurre un milagro, hay sanidad. La persona puede tener un dolor de cabeza, porque sencillamente comió más de la cuenta. Coma normal hermano, que los glotones no entran al Reino de los cielos. Puede darse el caso que por comer más de la cuenta le dio un dolorcito de cabeza, y viene el siervo de Dios y ora y usted se sana, hay una sanidad. Exactamente no hubo quizás un milagro, pero sencillamente ahí Dios descongestionó un poco lo que usted había congestionado por comer más de lo necesario y se sanó. A veces hay la sanidad, porque hay un dolor terrible en el cuerpo, pero también hay un órgano que está lesionado y Dios quita el dolor, lo sana (sanidad divina), pero arregla el órgano y lo pone nuevo; también hay un milagro.

3. El don de fe.

Es algo maravilloso. Los que hayan sentido una manifestación del don de fe, sabrán lo que es. Porque esa es la manifestación súbita de la fe de Dios a través del siervo. Yo lo he sentido en múltiples ocasiones. La noche que en la ciudad de Ponce, Puerto Rico, al orar, los demonios salieron a toda velocidad y tumbaron hasta las mesas, sentí el don de fe. Pero también lo he sentido en otras ocasiones y he visto milagros instantáneos sobrenaturales. Cuando Dios manifiesta el don de fe a través de mí y yo siento la manifestación, instantáneamente digo: *«Gracias Señor, porque se sanó».* Y lo digo a viva voz, para que lo oigan todos los hermanos, porque sé que eso no hay diablo que lo resista.

Una noche, en una de las campañas, estaba una mujer con cáncer tirada frente a la plataforma, Dios manifestó el don de fe a través de mí y lo hizo con una manifestación adicional, que últimamente lo hace y no lo puedo impedir. Mientras oraba, me reía a carcajadas. Ella está tirada en el piso. Algunos dirían: *«Pero este hombre, ¿qué le pasa? riéndose, estando esa mujer ahí en esa condición».* La mujer estaba muriéndose, discerní el espíritu de muerte. Dije en voz alta que la muerte estaba sobre ella. Había un ángel de Satanás, un espíritu maligno, porque según está el Espíritu Santo de Dios y el espíritu humano, hay espíritus del diablo, demonios y espíritus de ángeles caídos que se mueven. Yo sentía el espíritu de muerte y sabía que se moría. La vi cuando hizo ciertos movimientos de muerte. Pero cuando sentí el don de fe que se manifestó, me reí en el espíritu y le grité a todos los hermanos: *«Quítense y échense a un*

lado, que la voy a levantar en el Nombre de Jesús».
¿Por qué lo dije? Porque había sentido la manifestación del don de fe, una seguridad de Dios tan absoluta de que se levantaba, que a mí no me importaba que estuviera muerta o cómo estuviera, era Dios el que lo iba a hacer. Por eso bajé de la plataforma, la tomé por la mano, la levanté, y ni oré por ella. Ella se paró y se le quitó todo dolor que tenía. Subió las escaleras sola, llegó a la plataforma y nos dijo que le habían dado horas de vida. La trajeron muriéndose a la campaña. Ella dio el testimonio y dijo: *«Yo sentí que me iba como por un túnel muy profundo, cuando oí la voz del hermano que me llamaba. Cuando oí esa voz que me llamaba, regresé, abrí lo ojos y me levanté».* Ahí ocurrió un milagro. Era cáncer, pero Dios le creó nuevo los tejidos del estómago que estaban destrozados por el cáncer. Hubo discernimiento de espíritu, pues Dios me mostró el espíritu de muerte que estaba sobre ella. Dios me lo confirmó luego con su testimonio. Y por supuesto, el don de fe que se manifestó a tal profundidad, que yo me reía en el Espíritu, sabiendo que la Victoria ya la tenía con todo y está viendo a la mujer muerta sobre el terreno. ¡Aleluya!

En Paterson, New Jersey, una noche trajeron una endemoniada poseída de un demonio religioso. Mientras yo predicaba, ella también lo hacía al unísono. Cuando me miró, el diablo dijo a través de ella: «*¡Qué resplandor!*».

Yo le dije: «*Ven acá, que vas a salir afuera ahora mismo*».

Le reprendí y cuando lo hice, sentí la fe de Dios y me reí a carcajadas y dije: «*Gracias que la libertaste Señor. Llévensela que está libre*».

Me dijeron: «*Se quedó igual*».

Dije: «*No, llévensela, que está libre*».

Amaneció nueva al otro día y dos días después estaba trabajando en una fábrica. En esta manifestación del don de fe no vi la liberación instantáneamente, la vi irse igual. Pero el don de fe se manifestó y cuando se manifiesta usted cree con una profundidad, que no es lo que usted ve, es lo que usted cree. La gente la vio igual, yo la vi libre. Estaba ya hecho. Cuando se manifiesta este don usted cree sin ver.

Bienaventurados lo que creyeron si haber visto.
Juan 20:20

Pablo dijo:
No es por vista que nos movemos, es por fe.
2 Corintios 5:7

Entiendan claro que todo creyente tiene un grado de fe, pues sin fe, es imposible agradar a

Dios. El creyente que diga, no tengo ninguna fe, le digo que no está agradando a Dios.

¿Usted quiere fe? Deje lo carnal y lo mundano, póngase a vivir una vida espiritual y tendrá fe. Dios es un Dios de fe. La naturaleza de Dios se manifiesta en los frutos del Espíritu, la fe es uno de los frutos del Espíritu. Si usted no tiene fe, no está el fruto de Dios en usted. Ore, ayune y lea la Biblia. Rompa las novelas mundanas y toda literatura vulgar. Apártese de la programación pervertida de la televisión y de la música mundana, aproveche su tiempo en lo de Dios y usted tendrá fe. La fe es para creer, esperar y recibir. Ahora, el don de fe es una manifestación súbita, poderosa que viene de repente, donde Dios domina en una forma plena y usted dice: *«Sí, está hecho»*. Alabado sea Dios.

Nosotros tenemos que clamar para que los dones se manifiesten, porque cuando se manifiestan los dones, todo es victoria. Dios habla por interpretación, por lenguas y por profecía. Cuando se mueven los dones, usted tiene sabiduría de Dios, conocimiento de Dios. Las cosas que aun no han sucedido, Dios se las revela y usted las conoce antes de tiempo. Si la iglesia ora, todo esto sucederá; más sin embargo, muchas veces se impide. Esto puede ser por profecía o por ciencia (revelación), cualquiera de los dos dones. Si usted se enferma y oran por usted, se sana. Si se cae y se rompe una pierna, oran por usted y Dios hace el milagro. Hoy en día se piensa que si se cayó, sólo hay que llevarlo al médico. ¿Estará el don de milagros en la iglesia?

En la campaña en Miami, Florida, había una mujer que tenía leucemia. Estaba desahuciada de los médicos. Se le había caído ya todo el cabello. Le quedaba muy poco tiempo de vida. En esas condiciones se solicitó al pastor de su iglesia que le permitiera ser ujier en la campaña. Allí estaba el primer día de la campaña con un paño sobre la cabeza para ocultar su calvicie total, y deshecha físicamente. Oramos esa noche por los enfermos y ella reclamó un milagro al Señor. El Señor la sanó en un forma gloriosa. Fue a los médicos que la habían estado tratando y ellos no lo podían creer. No había ni trazas de la leucemia. El cabello volvió a crecerle y hoy día, como cinco años más tarde, está dando testimonio a la gente de lo que Dios hizo con ella. Esta es una operación gloriosa del don de milagros. Su fe inconmovible fue honrada en forma preciosa por Cristo. ¡Aleluya!

Al esperar en Dios con confianza, vemos cómo se manifiestan los diferentes dones. Cuando mi nena se cayó y se enterró una púa de madera por el muslo, le hizo una herida horrible. La sangre salía a borbotones, pero creí que Dios era poderoso para hacer la obra. Allí pude ver el don de milagro en operación, pues habían vasos sanguíneos que estaban rotos y hubo necesidad de crearlos para que la sangre pudiera detenerse. El único milagro que no hizo al instante fue cerrarle la herida, eso lo hizo paulatinamente. La Biblia dice, *«espera en Dios y Él hará»*. También dice, *«la oración de fe sanará al enfermo y el Señor lo levantará»*. Lo «levantará» implica que puede ser instantáneamente o puede ser paulatinamente. Claro que debemos clamar por milagros instantáneos. Si no sucede, usted crea que está hecho y confiéselo con su boca y créalo por fe y espere con confianza. Dios no ha fallado nunca, ni fallará.

Los dones están en la iglesia y nosotros somos la iglesia. Por lo tanto, tienen que estar en nosotros. El Espíritu reparte como quiere. Las manos son para sujetar y los pies para caminar. Puede que uno tenga palabra de ciencia, otro don de lenguas y otro interpretación, pero al trabajar en unidad, se une todo el cuerpo y se manifiesta toda la plenitud de Dios. Por eso es muy importante que se confraternice y las iglesias se unan, para que lo que está en ésta se una con lo que está en aquélla y todo junto edifique al pueblo de Dios.

Por eso, es tan importante también, que los evangelistas y los pastores estén unidos, porque el don que está en el evangelista a lo mejor no está en el pastor y cuando el evangelista se une con el pastor, o viceversa, viene edificación sobre la iglesia y sobre todos. Cuando un pastor dice que no necesita evangelista, está actuando muy falto de sabiduría, porque si usted tiene los nueve dones, usted no necesita evangelista. Pero si no se manifiestan los nueve dones, necesita que otro siervo de Dios, en el cual se manifiestan dones que no están en usted, vengan a edificar su iglesia. Porque los dones están para la edificación mutua. La Biblia dice *«para el bien común»*.

Los ministerios tienen que estar unidos para que la iglesia crezca y se edifique. La Palabra dice que los ministerios están para la santificación de la iglesia, para la edificación del cuerpo. Por lo tanto, los pastores deben estar anhelando continuamente que Dios les envíe siervos ungidos, en los cuales se manifiesten los dones del Espíritu Santo. Pruebe los siervos de Dios. La iglesia Apostólica probaba los siervos y declaraba mentirosos los que no eran. Usted tiene que moverse por la doctrina apostólica. Pruébelos y demande de Dios que jamás permita que ningún lobo rapaz venga a su iglesia. Que vengan de Dios y usted sepa que Dios le va a edificar la iglesia a través de ese varón. Trátelo como varón de Dios, con amor, con entendimiento y financieramente ayúdelo a plenitud en lo espiritual, nosotros tenemos que ayudarlo en lo material, dice la Biblia.

Cuando ministre un varón de Dios, ponga la iglesia de pie y clamen todos para que Dios les dirija lo que tienen que darle para que no haya retraimiento alguno en esto y así Dios bendiga en abundancia a ese pueblo. La ofrenda que Dios da para el varón de Dios que visita la iglesia, es para ese varón de Dios, no puede ser tocada por nadie para nada más. Esto debe estar muy claro en cada pastor y bajo ninguna circunstancia permita que el diablo le engañe y vaya a cortar esa ofrenda. Aunque sea para la misma iglesia, sería robo, pues la ofrenda era para el siervo de Dios que trajo el alimento, que Dios lo usó con amor, que trajo edificación a la iglesia. Dios le va a bendecir a usted, porque usted ayudó al hombre que Dios usó para venir y edificar la iglesia y actuó honestamente. Actuemos en el amor de Dios. Porque si todo lo que hemos mencionado es importante, el AMOR es un fruto más importante que los nueve dones juntos. Actuemos en el amor de Dios, con la sabiduría de Dios y Dios no fallará en llenarnos de Sus bendiciones. Porque cuando actuamos con honestidad y siempre buscamos el bien para los demás, con prudencia, con sabiduría y en amor, se abren las ventanas de los cielos para bendecirnos. Es muy importante que el evangelista que ministre en una iglesia y siente o ve que le cortaron la ofrenda que para él había dado la iglesia, no caiga en el trágico error de salir fuera y murmurar del pastor, pues estaría obrando muy mal. Sólo ore por ese pastor, cualquiera se puede equivocar. El varón de Dios que pase por una situación así, muestre su amor y misericordia orando por el pastor para que no repita equivocaciones de esa índole. Así usted estará en gracia con Dios. Sólo así Dios le bendecirá. Pero si murmura y trata de hundir al pastor, falto de todo amor, a Dios no le va agradar, pues lo nuestro es con amor, clamar para que Dios corrija e intervenga en el asunto y se le revele.

Vamos a pedir a Dios que esos dones del Espíritu se manifiesten en todos y que se manifiesten en amor para que la victoria sea total y completa. Clame cada uno a Dios para que Él le dé dones para edificar la iglesia y edificarse a sí mismo. Para poder ministrar con todo poder y autoridad del Espíritu, vivir una vida cristiana, victoriosa y llena de gozo para pelear con autoridad y poder contra toda artimaña del diablo; entre en ayuno, ore en abundancia, y escudriñe la Palabra; tenga sed de recibir en abundancia de parte de Dios. *«Pedid y se os dará»*, (Lucas 11:9) dice la Palabra

de Dios. El no fallará en darlo a
aquellos que lo desean y lo bus-
can con una vida agradable a El.
Aleluya.

CAPÍTULO
SIETE

OPERACIONES MARAVILLOSAS DE LOS DONES DEL ESPÍRITU

7

OPERACIONES MARAVILLOSAS DE LOS DONES DEL ESPÍRITU

La Biblia dice que hay **repartimiento de operaciones** por el Espíritu Santo. En palabras claras, hay **diversidad de manifestaciones** del Espíritu a través de los creyentes del evangelio. No hay una forma rígida o un patrón fijo de cómo va a operar uno y otro don, sino que puede haber una variedad tremenda en la manifestación de cada don. Los **nueve dones** y la variedad de operación de cada uno de ellos es extraordinaria.

Lo importante no es cómo uno opera el don, sino que Dios lo haga y traiga la bendición determinada para la iglesia o para una persona específica. Amén. (1 Corintios 12:6-7).

En nuestros ministerios, Dios puede operar en formas muy raras e inesperadas los dones del Espíritu. La variedad de operaciones se puede manifestar en cualquiera de los dones, pero en forma muy notable en los **dones de sanidades.** Aún el nombre, «dones de sanidades», está expresado en plural, como indicando una gran variedad de operaciones. Una noche entrábamos al estadio de San José, Costa Rica, para la gran campaña celebrada en aquel país. Al pasar junto a una mujer que tenía un niñito en los brazos, ella nos dijo con dolor:

—*«Mi niñito tiene la cabecita deforme y lo van a operar. Le tendrán que abrir el cráneo en una forma horrible».*

—Sentí inclinarme, le besé la cabecita al niño y le dije: —*«Crea que Dios lo sanó».* Me marché casi corriendo. Al otro día subió a testificar a la plataforma.

Me dijo: —*«Es increíble, la cabeza del niño se normalizó totalmente. Toda deformidad desapareció, tiene un cráneo lindo como el niño mas normal».*

Alguien dijo: —«Ese fue un beso sanador». Yo sentí besarlo y el don de milagros operó en forma maravillosa.

En la campaña de Brasil, subió a la plataforma una mujer y tenía una pierna más corta que la otra. Caminaba muy mal. Hacía años que estaba así. Cuando fui a orar por ella, el Espíritu me mostró que no orara, que sólo hablara la palabra y le dijera que levantara la pierna corta y golpeara bien fuerte la plataforma. Se lo dije: *«Voy a hablar la Palabra de Dios a favor suyo, cuando lo haga, levante esa pierna corta y golpee fuerte la plataforma. Ahí se va a igualar a la otra. ¿Lo cree?»* Movió su cabeza afirmativamente. Cuando grité: *«Y por su llaga fuisteis sanada»*, la mujer no titubeó, levantó la pierna corta y golpeó. Le grité: *«Corra, que Dios la sanó»*. Ella no dudó. Salió corriendo y bajó las escaleras y las subió caminando normal. Dios había hecho el milagro. Desde esa noche sentí hacerlo en esa forma para todos los que vienen con piernas más cortas. En otra ocasión, sentí subir a la gente con hernias a la plataforma. El Espíritu me mostró: *«Habla la palabra a favor de ellos y que— al escucharla se agachen rápidamente y se toquen los zapatos»*. Lo hice. Al hablarles la Palabra todos se agacharon y se tocaron los zapatos, luego al investigar, casi todas las hernias habían desaparecido. Aleluya.

Hay dos situaciones que jamás quisiera recordarlas, pero que ocurrieron y no pude evitarlo. En una ocasión ministraba a los enfermos y trajeron un joven poseído de demonios.

Cuando fui a orar de pronto él blasfemó el nombre de Jesús en alta voz. Lo que sucedió fue inesperado para mí e increíble a los ojos de todos los presentes. Una fuerza sobrenatural me colmó y lo agarré y lo lancé al piso. Como un relámpago me le senté encima, levanté una mano y lo golpeé en un lado de la cara en forma violenta. Casi inmediatamente levanté la otra mano y lo golpeé en el otro lado de la cara. Le salió sangre por el lado de la boca. Cuando levantaba la mano para darle el otro golpe él me dijo: *«No me golpeés más, que ya estoy bien»*. Lo levanté y lo abracé. Yo lloraba con dolor. El, lleno de gozo se fue al baño a lavarse la sangre de la cara y al regresar traía un disco de uno de mis mensajes que había comprado en nuestra mesa de material y comenzó a hablar conmigo en forma normal. Había sido liberado del poder del diablo y jamás me mencionó los golpes que le había dado. Después del culto le oré al Señor y le dije: *«Por favor, no permitas que esto vuelva a suceder jamás»*. Aleluya.

En otra campaña a mitad de la predicación se levantó una mujer endemoniada y formó tal escándalo que no se podía predicar. La mujer pesaba como doscientos cincuenta libras. Bajé de la plataforma, le puse las manos y reprendí. Se formó una lucha terrible. El diablo no cedía de ninguna forma. De pronto sentí algo raro, por lo tanto no titubeé, creí que era Dios y lo hice. ¿Qué hice? Levanté un pie y le di un pisón con tal violencia que la mujer gritó. Le ordené con toda autoridad: *«Siéntese ahí enseguida y no se mueva más»*. Se sentó rápido, no molestó más y al hacer el llamado, pasó bien tranquila y aceptó al Señor. Son casos que asustan, pero el que escupió y formó lodo con tierra y saliva y se lo puso en los ojos al ciego, opera en formas tan diversas que se queda uno atónito y a veces asustado, pero lo grande es que si es de Dios, venga como venga, funciona y trae liberación. Obedezca a Dios a como dé lugar y todo saldrá bien. Amén.

Los **dones de sanidades** a veces se manifiestan simultáneamente con otros dones. En una ocasión oraba por una mujer que estaba muy enferma. Casi no caminaba. Todo su cuerpo estaba afectado. Al poner la mano y reprender, vi en visión la cara del diablo junto a ella. Tenía la boca abierta y según yo reprendía salía como polilla por esa boca. Era como si saliese polvo hacia afuera.

Yo seguía reprendiendo y el polvo seguía saliendo por la boca abierta de aquel monstruo. Entendí que mientras siguiera saliendo el polvo era que había demonios en ella. Seguí orando hasta que ya no salió nada más por la boca del diablo y el rostro grotesco de Satanás desapareció. Entonces yo sabía que estaba libre. La puse a caminar y ella caminó y testificó su mejoría. Se manifestó el don de sanidad, pero en visión se manifestó el **don de discernimiento de espíritus** y por el don de palabra de sabiduría entendí lo que la visión implicaba y así se logró la liberación de la mujer. Aleluya.

En una ocasión fui a orar por un hermano, tenía una fatiga horrible. En el momento en que iba a orar por él, apareció frente a mis ojos el rostro de Jesús con la corona de espinas sobre su cabeza y una expresión terrible de dolor. El Espíritu me mostró que así tenía él a Cristo con sus actuaciones y que no se sanaría hasta que no se decidiera a servirle al Señor conforme al llamado que El le había hecho. Por medio de la visión, se manifestó el **don de palabra de ciencia,** o sea, que Dios me dio conocimiento de su condición y por el **don de palabra de sabiduría,** Dios me mostró que no orara, que no se iba a sanar hasta que él no arreglara su vida. Gloria a Dios.

En una ocasión visitaba al Gobernador de Puerto Rico, junto con los compañeros en el Ministerio, el evangelista Jorge Rasckie y el pastor Rafael Torres Ortega. Hablamos como dos horas con él sobre los problemas de las iglesias y otras alternativas. Cuando fuimos a despedimos hicimos una oración. Al comenzar a orar, Dios nos trajo un mensaje en lenguas por la boca del hermano Rasckie y el Espíritu Santo me dio la interpretación. El mensaje decía que lo más importante no lo habíamos hecho, que era decirle al gobernador que si quería victoria, tenía que sacar tiempo junto con su esposa, y apartarse con Dios a pedirle sabiduría y dirección para resolver los problemas y hacer todo con la sabiduría divina. Así se lo comuniqué al señor Gobernador de parte del Señor Jesucristo. Por la manifestación del don de lenguas y el don de interpretación de lenguas, Dios habló al gobernador lo que tenía que hacer si quería ser una bendición para nuestro país.

¡Aleluya!

En la manifestación de algunos de los dones hay especialidades. Hace un tiempo oraba yo por una mujer sorda de un oído de mucho tiempo. Al orar por ella, Dios la sanó y oía bien. Luego el Espíritu me habló y me dijo: *«especialista en oído»*. Yo entendí lo que Él quería decir, pero días más tarde recibí palabra de sabiduría del Espíritu de lo que debía hacer con esa unción especial que Dios había puesto sobre este ministerio. El Señor me mostró una noche, que llamara a la plataforma a los sordos de un oído. Así lo hice y al orar todos fueron sanados. Desde esa noche hasta esta época, cientos y cientos de oídos sordos se han sanado en las campañas. Pocos días más tarde, el Señor me mostró que había unción especial para sanar las columnas vertebrales. Desde ese día, oramos por la gente afectada de la columna de las vértebras y los discos, y cientos y cientos de ellos han quedado nuevos. Gloria a Dios.

En la ocasión en que se nos murió en plena campaña la mujer que habían traído con cáncer, desahuciada por lo médicos, por el don de palabra de ciencia el Espíritu me reveló que se había muerto pero que El la iba a resucitar. Por el don de palabra de sabiduría me mostró el momento de hacerlo y cómo hacerlo. Cuando me moví hacia la mujer se manifestó el don de fe y la seguridad que había en mí era increíble. Al llegar junto al cadáver la tomé por una mano y le grité: «*Levántate, Jesucristo te sanó*». Al instante ella se levantó. No había ni señas de cáncer. Hubo operación de milagros. Noté que al ministrarle a una sola persona se pueden manifestar varios dones del Espíritu Santo en forma simultánea. Gloria a Dios.

Todo el que tiene el bautismo del Espíritu Santo tiene potencialmente los nueve dones del Espíritu en él. Pida a Dios que se manifiesten los que sea Su voluntad y cultívelos para que se desarrollen. Mantenga su vida de oración y ayuno bien firme y Dios no fallará en colmarle de Su gloria. Amén.

ACERCA
DEL AUTOR

ACERCA
DEL AUTOR

José Joaquín Ávila, mejor conocido como Yiye Ávila, recibió el llamado de Dios en 1960. En 1967, Dios lo inquieta a dejar su profesión de maestro de Química y Biología, la cual había ejercido por veintiún años y a dedicarse por completo a la evangelización y a vivir por fe. Además de su obra como evangelista en distintas partes del mundo, realizó un gran trabajo en la radio y la televisión, fundando en 1987 la cadena televisiva «La Cadena del Milagro», con cobertura a nivel mundial, ejerciendo su ministerio por alrededor de cincuenta años. El viernes 28 de junio de 2013, el hno. Yiye Ávila partió hacia las moradas celestiales, pero su legado continúa latente en el corazón de los miles de personas alcanzados con su mensaje evangelizador y de los que recibieron poderosos milagros de parte del Señor a través de su ministerio, el cual continúa realizándose por medio de su equipo de trabajo en Camuy, Puerto Rico. ¡A Dios sea la gloria!

Unilit se complace en presentar más títulos en la pluma de Yiye Ávila

- Dones del Espíritu
- ¿Quienes se irán?
- El valle de los huesos secos
- El Cristo de los milagros
- Sanidad divina
- El profeta Elías
- Sin santidad nadie le verá
- El ayuno del Señor
- La ciencia de la oración
- Señales de Su venida
- El sacrificio de la cruz
- El anticristo

Pídalos en su librería favorita

NOTAS

_____
_____
_____
_____
_____
_____
_____
_____
_____
_____
_____
_____

_____

_____

_____

_____

_____

_____

_____

_____

_____

_____

_____

_____

_____

_____

_____

_____

_____

_____

_____

_____

_____

_____

_____

_____
_____
_____
_____
_____
_____
_____
_____
_____
_____
_____
_____
_____
_____
_____
_____
_____
_____
_____
_____
_____
_____
_____
_____

SPANISH HOUSE MINISTRIES

Medley, Florida 33166

Conéctate:

https://www.facebook.com/editorialunilit
https://twitter.com/editorialunilit
https://instagram.com/editorial_unilit/